KATHARINA
CEMING

SINN
ERFÜLLT

KATHARINA CEMING

SINN ERFÜLLT

Vier-Türme-Verlag

Inhalt

Braucht mein Leben einen Sinn?

Mit der Frage, was ein gelingendes Leben ausmacht, beschäftige ich mich nun schon einige Zeit. Dies war vielleicht einer der Gründe, weshalb ich während der Corona-Pandemie immer wieder gefragt wurde, ob es nicht eine Erkenntnis aus der Philosophie gibt, die uns hilft, gut durch diese Krise zu kommen.

Dazu möchte ich ganz kurz anmerken: Bei aller Liebe zur Philosophie und ihren Erkenntnissen glaube ich nicht daran, dass es im Leben ein Universalrezept für alle Probleme gibt. Dies betrifft insbesondere die Folgen der Pandemie. Es ist ein Unterschied, ob die ökonomische Existenz bedroht ist, die Wohnverhältnisse nicht passen, man unter fehlenden Kontakten, Isolation oder unter den massiven Belastungen von Arbeit und Kinderbetreuung leidet. Viele Ratschläge zur Bewältigung der Folgen dieser Krise setzten bei der Stärkung der eigenen Resilienz an. Doch wenn die pandemiebedingten Probleme eher ökonomischer Natur sind oder die Arbeitskraft eines Menschen überlasten, ist die Stärkung der seelischen Widerstandskraft nicht unbedingt das entscheidende Mittel der Wahl, um etwas zu verbessern. Resilienz und die Fähigkeit zum Perspektivwechsel helfen dort, wo wir uns aufgrund unserer Überzeugungen das Leben schwerer machen, als es ist. Beides ist aber meiner Ansicht nach nicht das passende Werkzeug, wenn es darum geht, Probleme zu beseitigen, die nichts mit der Haltung des Einzelnen zu tun haben, auch wenn es philosophische Richtungen gibt, die das anders sehen. Doch das nur am Rande.

Bei meiner Beschäftigung mit der Frage, was das Leben gelingen lässt, ist mir etwas anderes bewusst geworden: Wir fokussieren uns sehr stark auf das Lebensglück. Doch glücklich zu sein, ist dafür gar nicht so wesentlich. Zumindest dann nicht, wenn Glück für das Gefühl des Glücklichseins steht. Glücklich zu sein ist ein emotionaler Zustand und damit immer etwas Fragiles, denn Zustände kommen und gehen. Wir können sie nicht fixieren. Um diese Art des Glücks zu empfinden, braucht es ein Stimulans, das besser als erwartet ist und welches das sogenannte Lustzentrum im Gehirn aktiviert. Wenn ein solcher Reiz ausbleibt, stellt sich kein neues Glücksgefühl ein. Das Streben nach Glück wird dann zu einer Art Hochleistungssport, denn wir müssen immer mehr Glücksreize erzeugen, um glücklich zu sein.

Doch es gibt noch einen weiteren Aspekt, weshalb ich die Fokussierung auf das Glück nicht immer für hilfreich erachte. Glück ist per definitionem positiv konnotiert. Das Leben hält für uns aber nicht nur Sahnestückchen bereit. Wenn wir nach etwas suchen, das uns dabei hilft, das Leben auch mit seinen schmerzhaften Seiten zu ertragen, ist es vielleicht besser, den Fokus vom Glück auf den Lebenssinn zu verlagern.

Wer heute vom Sinn des Lebens spricht, hört jedoch schnell die Frage: Ja, gibt's den überhaupt? Ich denke, darauf kann man, ohne rot zu werden, mit Ja antworten, nur gibt es eben nicht den einen, für alle gleichen Sinn. Hinter dem Begriff »Lebenssinn« verbirgt sich ein Bündel von Faktoren, das beeinflusst, ob wir unser Leben als sinnerfüllt und lebenswert erfahren. Sinn ist nichts Statisches. Verändern sich Lebensbedingungen und Lebenssituationen, kann unser Sinngefüge ins Wanken geraten, und wir sind wieder auf der Suche nach dem, was uns trägt und Orientierung gibt.

So individuell der Lebenssinn ist, so gibt es dennoch einige Aspekte, die in der psychologischen Sinnforschung und in der philosophischen Tradition als wesentliche Bausteine eines sinnerfüllten Lebens gesehen werden. Um diese Elemente soll es in diesem

Buch unter anderem gehen. Daneben fließen Gedanken und Anregungen aus meiner Arbeit mit Menschen ein, die sich zum Teil beruflich oder aus privatem Interesse immer wieder mit dem Thema »Sinn des Lebens« beschäftigen.

Aber auch wenn Sie persönlich nicht auf der Suche nach dem Sinn des Lebens sind, können Sie sicherlich die ein oder andere Anregung aus diesem Buch für ein gelingendes Leben mitnehmen.

Was bedeutet Sinn überhaupt?

Wenn wir im Alltag davon sprechen, dass etwas sinnvoll ist, dann meinen wir meistens, dass etwas nützlich, notwendig, angezeigt oder zweckmäßig ist. Es erscheint mir zum Beispiel sinnvoll, eine bestimmte Aufgabe sofort zu erledigen, damit ich den Kopf für anderes frei habe. Sinnvoll bedeutet hier so viel wie zweckmäßig. Der Zweck einer Sache liegt nicht in ihr selbst, sondern er ist ein Mittel, um etwas zu erreichen. Wenn ich eine Aufgabe in Angriff nehme, liegt ihr Zweck darin, dass ich zum Beispiel meinen Kopf frei bekommen möchte, um neue Projekte oder etwas anderes angehen zu können. Beim Zweck geht es meistens um ein »um zu«.

Wenn wir vom Lebenssinn sprechen, dann geht es aber weniger um diese Zweckdimension, sondern um Bedeutsamkeit, um etwas, das in uns eine Resonanz erzeugt. Es geht darum, ob wir unser Leben lebenswert finden. Manchmal benutzen wir dafür auch den Begriff sinnvoll. Es ist daher hilfreich, genau hinzuschauen, welche Dimension im Begriff »sinnvoll« anklingt.

Für Albert Camus berührt die Frage nach dem Sinn den Kern der Philosophie. »*Sich entscheiden, ob das Leben es wert ist, gelebt zu werden oder nicht, heißt auf die Grundfrage der Philosophie antworten. [...] Ob die Erde sich um die Sonne dreht oder die Sonne um die Erde – das ist zutiefst gleichgültig. Um es genau zu sagen: Es ist eine nichtige Frage. Hingegen sehe ich viele Leute sterben, weil sie das Leben nicht für lebenswert halten.*«[1]

Die Frage, weshalb dieses Universum existiert oder warum es uns Menschen gibt, berührt ebenfalls die Sinndimension, allerdings ist sie nur aus einer religiösen oder metaphysischen Perspektive heraus zu beantworten. Für das Erleben der Sinnhaftigkeit des eigenen Lebens ist ihre Beantwortung nicht unbedingt ausschlaggebend. Man kann davon überzeugt sein, dass diese Welt nur aufgrund eines göttlichen Willens existiert, und dennoch das eigene Leben als bedeutungslos empfinden. Ebenso kann man überzeugt sein, dass es keinen höheren Sinn im Kosmos gibt, dass es reiner Zufall ist, dass die Menschheit existiert, und dennoch das eigene Leben als sinnhaft erleben.

In der Regel fragen wir nach dem Sinn unseres Lebens, wenn wir das Gefühl haben, dass etwas nicht mehr stimmt, wenn das, was einmal gut lief, ins Stocken geraten ist, oder wenn wir das, was wir tun, nicht als so bedeutungsvoll erleben, wie wir es uns wünschen. Allerdings leiden nicht alle Menschen, die mit der Frage nach dem Lebenssinn nichts anfangen können, unter einer Sinnkrise. In ihrer Sinnstudie fanden Tatjana Schnell, Psychologieprofessorin an der Universität Innsbruck, und ihr Team heraus, dass es sogenannte sinnindifferente Menschen gibt.[2] Diese stellen sich weder die Frage nach dem Sinn in ihrem Leben noch stolpern sie über eine möglicherweise fehlende Kohärenz oder Bedeutung in diesem. Sie verfügen zudem über keinen guten Selbstbezug und sind nicht bereit, sich für irgendetwas zu engagieren, weil ihnen eigentlich alles egal ist.

Vielleicht führt die Dominanz bestimmter Persönlichkeitsmerkmale dazu, dass sich manche Menschen intensiver mit der Sinnfrage beschäftigen als andere. Doch wenn jemand keine besonderen oder bedeutsamen Lebensziele hat, sagt das noch nichts darüber aus, wie er sein Leben empfindet.

Ich bin davon überzeugt, dass das Auftauchen der Sinnfrage nicht nur individuelle Gründe hat, sondern dass sie von gesellschaftlichen Entwicklungen mit beeinflusst wird. Es gibt Zeiten, in denen die Sinnsuche im gesellschaftlichen Diskurs eine größere Rolle spielt, und solche, in denen sie kaum wahrnehmbar ist. Wenn wir die Zeit nach dem Zusammenbruch des Nationalsozialismus in Deutschland betrachten, dann lässt sich in den 1950er-Jahren eine Abwendung von metaphysischen Ideen und geschlossenen Sinnsystemen beobachten. Nach dem Krieg musste man erkennen, dass die von den Nazis gelieferten sinnstiftenden Ideologien von einem Tag auf den anderen kollabiert waren. Es ging in der Nachkriegsrepublik nicht um Sinn, sondern um Normalität. Die darauffolgende 68er-Bewegung war ein politischer Angriff auf die als verlogen empfundene biedermeierliche Gemütlichkeitskultur, die sich der Auseinandersetzung mit der NS-Zeit verweigerte. Die damit verbundene Hippiekultur entdeckte Spiritualität und Psychoanalyse, um zu mehr Tiefe, Bedeutung und Sinn zu gelangen.

Mit der Popper- und Yuppikultur sowie dem aufkommenden Neoliberalismus in den 1980er-Jahren verschwand das Sinnthema wieder aus dem öffentlichen Diskurs, bis es Anfang der 2000er-Jahre im Kontext der Beschäftigung mit Spiritualität und Entschleunigung erneut aktuell wurde. Für die Generationen Y und Z ist heute das Thema Sinnerleben und -erfahren gerade im beruflichen Kontext sehr bedeutsam. Keine Generation vor ihnen erhob so sehr den Anspruch, dass Arbeit sinnvoll – im Sinne von sinnhaft – sein soll. Ob Arbeit tatsächlich immer mit Sinn verbunden sein muss, ist eine andere Frage. Ein zu hoher Anspruch an die Sinnhaftigkeit der Arbeit birgt ein relativ hohes Frustrationspotenzial, denn nur wenige Tätigkeitsfelder in modernen arbeitsteiligen Gesellschaften erfüllen die Kategorie »sinnhaft«. Dazu kommt, dass Menschen, die ihre Arbeit als sinnhaft erleben, eher zur Selbstausbeutung neigen, was auf Dauer der psychischen Gesundheit nicht zuträglich ist.[3] Es ist zwar schön, wenn wir unsere Arbeit als bedeutsam erleben, aber für ein sinnerfülltes Leben reicht es aus, wenn wir sie nicht als Belastung empfinden. Da sich das Empfinden von Sinnhaftigkeit aus vielen verschiedenen Quellen speist, ist die Arbeit nicht das alles entscheidende Kriterium.

Was unserem Leben Sinn und Bedeutung gibt

Anders als Freude und Glück erzeugt Sinn kein euphorisches Glücksgefühl, sondern ein Empfinden von Stimmigkeit. Sinn selbst können wir gar nicht wahrnehmen, da er kein Gefühl oder eine Eigenschaft von etwas ist. Wir nähern uns der Sinndimension also immer auf Umwegen an. Tatjana Schnell, die sich in ihrer Forschung mit dem Thema Lebenssinn beschäftigt, spricht von vier Faktoren, die für die Sinnerfüllung wesentlich sind: *Kohärenz, Bedeutsamkeit, Orientierung* und *Zugehörigkeit.*[4] Sinnerfüllung meint hier die »grundlegende Erfahrung, dass das eigene Leben sinnhaft und wertvoll ist, dass es sich lohnt, gelebt zu werden«.[5]

Kohärenz bedeutet, dass das, was wir tun, und das, was wir erreichen wollen, mit unseren Werten, an denen wir uns orientieren, übereinstimmt. Ist dies der Fall, empfinden wir unseren Lebensentwurf als stimmig. Wenn Sie eine bestimmte Vorstellung haben, wie Sie Ihr Leben führen möchten, dann werden Sie sich vermutlich Ziele stecken, um Ihre Ideale zu verwirklichen. Damit Sie diese Ziele realisieren können, müssen Sie etwas tun. Wenn Ihr Handeln nun dergestalt ist, dass es Ihre Ziele torpediert, oder Sie Ihre Ziele gar so formulieren, dass Sie dadurch verhindern, Ihrem Ideal näher zu kommen, ist das nicht kohärent.

Bedeutsamkeit meint, wir möchten spüren, dass es nicht egal ist, ob wir etwas tun oder unterlassen. Vieles von dem, was wir im Leben tun, ist zwar wichtig, aber nicht bedeutsam. Die Steuererklärung zu machen, ist wichtig, um Ärger mit dem Finanzamt zu vermeiden, erfüllend ist das nicht. (Es sei denn, jemand ist mit Leib und Seele SteuerberaterIn und erlebt seine Tätigkeit als erfüllend). Dinge, die bedeutsam sind, haben einen Wert für uns. Sie erzeugen in uns eine gewisse Resonanz. Wer sich zum Beispiel ehrenamtlich engagiert und mit seinem Engagement etwas bewirkt, der kann in seinem Tun Bedeutsamkeit erleben.

Orientierung ist eine Art Leuchtturm, der uns auch in schwierigen Zeiten die Richtung weist. Es war eine der Erkenntnisse, die Hannah Arendt in ihrer Auseinandersetzung mit der totalitären Ideologie des NS-Staates beeindruckt hatte, dass diejenigen im Dritten Reich, die sich widersetzt hatten und zum Beispiel Juden halfen, keine Gewissensqualen hinsichtlich ihres Tuns litten. Für diese Menschen war klar, dass die Naziideologie inhuman und damit falsch war und dass es zu ihrem eigenen Handeln, das gegen alle Gesetze des NS-Staates verstieß, keine Alternative gab. Ihr moralischer Orientierungssinn funktionierte. Orientierung speist sich aus den verschiedenen Werten, die uns wichtig sind. Etwas plakativ gesprochen kann man sagen, altruistischere Werte haben eine höhere Sinnkraft als die, die ausschließlich den eigenen Bedürfnissen dienen. Werte wie Autonomie, Risikobereitschaft, Selbstvertrauen, Entwicklung, Leistung, Tatkraft, Freiheit oder Kreativität, die der Selbstverwirklichung dienen, sind wichtig. Wer seine ganze Energie aber nur darauf richtet, beraubt sich anderer wichtiger Sinnquellen im Leben.

Zugehörigkeit steht für das Gefühl, Teil eines größeren Ganzen zu sein. Während die anderen Faktoren uns in unserer Individualität fordern, geht es hier um eine ganz basale Dimension des menschlichen Lebens: Wir sind als Menschen durch unser evolutionäres Erbe immer auch soziale Wesen, die auf andere angewiesen sind. Wer sich als Einzelner als Teil eines größeren Ganzen fühlt, weiß sich in eine Gemeinschaft eingebunden, die ihm im Notfall helfen wird. Dass wir uns heute fragen, wie wir das positive Gefühl, Teil einer Gemeinschaft zu sein, wieder verstärkt erleben können, hängt mit den großen Veränderungen hin zu modernen Gesellschaften zusammen. Diese zeichnen sich unter anderem durch Funktionalität, Aufgabenteilung und Individualität aus. Je entwickelter eine Gesellschaft ist, desto mehr Spezialisten und Spezialistinnen braucht sie. Diese müssen flexibel und mobil sein, denn ihre Fähigkeiten werden nicht immer an ihren Herkunftsorten benötigt. Seit gut 150 Jahren führt dies dazu, dass Menschen die ihnen vertraute Gemeinschaft, die sie in Krisenzeiten unterstützte, verlassen haben. Sie konnten ihre Familien und die soziale Gemeinschaft aber auch deshalb hinter sich lassen, weil der Staat im Lauf der Zeit immer mehr Fürsorgeaspekte für seine Bürger übernommen hat. Dieser Prozess war natürlich kein monokausaler. Der Staat reagierte letztlich auf gesellschaftliche Entwicklungen, die bereits im Gange waren und die von ihm eingefordert wurden.

Man kann jedoch feststellen: Je besser die staatliche Absicherung ist, desto mehr Möglichkeiten hat der Einzelne, unabhängig von seiner sozialen Herkunft. Wer eine Kranken- und Rentenversicherung hat, benötigt nicht mehr die Familie zum Überleben. Wer durch eine unabhängige Justiz geschützt ist und seine Rechte einklagen kann, braucht nicht den Clan, um sich zu schützen oder seine Rechte durchzusetzen. Wer an einem guten und kostenlosen Bildungssystem partizipieren kann, dessen Bildungsmöglichkeit ist nicht von der finanziellen Situation seiner Familie abhängig.

Was auf der eine Seite der Entwicklung und Entfaltung des Individuums dient, hat aber auch eine Schattenseite. Mit der Individualisierung wächst die Gefahr der Vereinzelung und der Vereinsamung. Das Individuum muss sich nun aktiv um Gemeinschaft bemühen. In der Großfamilie und der dörflichen Lebensform war diese mehr oder weniger automatisch gegeben, selbst wenn man vielleicht nicht immer mit allen zu tun haben wollte. Heute müssen wir uns besonders in den westlichen Industrienationen aktiv um Gemeinschaft kümmern. Freunde sind nicht mehr zwangsläufig die Menschen, mit denen wir bereits unsere Kindheit verbrachten. Bedingt durch berufliche Mobilität müssen wir immer wieder an neuen Orten Freundschaften aufbauen und pflegen. Das kostet Zeit und Energie. Aber auch der Kontakt zur Herkunftsfamilie verändert sich durch große räumliche Distanzen. Dazu kommt, dass sich Familie heute primär als Kernfamilie definiert. Da das Arbeitsleben viele Ressourcen verbraucht und die Pflege sozialer Kontakte aufwendig ist, kann das soziale Umfeld, das für die psychische Stabilität und das Wohlbefinden wichtig ist, deutlich kleiner werden.

Es ist sicherlich kein Zufall, dass gerade in hochentwickelten Gesellschaften, die sehr individualistisch orientiert sind, psychische Erkrankungen stark zunehmen. Neben der enormen Beschleunigung des Lebens, die sich aus der Zeitverdichtung ergibt – also dem Phänomen, dass wir in einer Zeiteinheit immer mehr erledigen, was uns Stress verursacht –, spielt die zunehmende Vereinsamung sicherlich eine Rolle. Aus diesem Grund ist die Gemeinschaftsfürsorge, sprich das Ermöglichen von Gemeinschaftserfahrungen, ein wichtiger Aspekt, wenn es um Sinnerfüllung geht.

Kohärenz, Bedeutsamkeit, Orientierung und Zugehörigkeit spielen für das Erleben von Sinnhaftigkeit also eine wichtige Rolle. Allerdings ist damit noch nichts über die ethische Dimension des als sinnhaft erfahrenen Lebens gesagt, denn Sinn und Ethik sind nicht identisch. Ein subjektiv als sinnhaft erfahrenes Leben kann eines sein, das in keiner Weise mit humanistischen Idealen kompatibel ist. Ein Mensch kann beispielsweise als Teil einer totalitären Masse ein positives Gemeinschaftsgefühl erleben. Das hat nicht nur der NS-Staat mit seinen Massenbewegungen gezeigt, sondern in jüngerer Zeit auch eine Organisation wie der IS. Bedeutsamkeit im eigenen Handeln ist auch erlebbar, wenn man Menschen aus einer ideologischen Überzeugung heraus tötet. Die jeweilige Ideologie fungiert dabei als Orientierung. Der eigene Lebensvollzug wird in diesem Denken und Handeln als kohärent erfahren.

Damit ein sinnhaftes Leben zu einem humanen Leben wird, braucht es eine, diesem Ideal verpflichtete geistige Haltung, die sich nicht per se aus dem Lebenssinn ergibt. Diese Haltung wird von individuellen und gesellschaftlichen Werten beeinflusst. Es wäre also ein Missverständnis zu glauben, jedes subjektiv als sinnhaft erfahrene Leben sei, aus einer ethischen Perspektive betrachtet, ein gutes Leben.

Vieles, was dazu beiträgt, dass wir unser Leben als sinnhaft erfahren, hat damit zu tun, dass wir unseren Blick nach außen auf die Welt richten und uns in der Welt engagieren. Sinnerfüllung erfahren wir kaum, wenn wir uns nur um uns selbst kümmern. Eine gute Selbstfürsorge ist zwar für das Erleben von Sinnhaftigkeit hilfreich, aber im Engagement für die Welt erwächst uns eine ganz eigene Möglichkeit von Sinnerfüllung.

Was helfen kann, Krisen zu bewältigen

Kohärenz, Bedeutsamkeit, Orientierung und Zugehörigkeit sind Aspekte, die mit Sinnerleben verbunden sind, dennoch können sie nicht per se Sinnkrisen verhindern. Diese brechen häufig sehr unvermittelt ins Leben ein, wenn wir zum Beispiel mit Situationen konfrontiert werden, in denen wir zunächst ein Scheitern erleben (müssen), weil wir mit unseren gewohnten Bewältigungsstrategien nicht mehr weiterkommen.

Der deutsche Philosoph Karl Jaspers, der gelernter Psychiater war, bezeichnete diese Erfahrungen als Grenzsituationen. Sie sind unentrinnbar mit dem Leben selbst verbunden. Dazu gehören Krankheit,

Trennungen, Schuld, die Unzuverlässigkeit der Welt, der Tod. Aufgrund ihrer Wucht und Dramatik können wir zunächst nicht mit ihnen umgehen. Sie überwältigen uns. Wir erleben uns als hilflos. Jaspers war der Überzeugung, dass wir sie letztlich nur dann bewältigen können, wenn wir ihnen nicht ausweichen, sondern uns ihnen stellen und unser momentanes Scheitern aushalten.[6]

Es zeigt sich jedoch, dass Menschen, in deren Leben Kohärenz, Bedeutsamkeit, Orientierung und Zugehörigkeit einen gewissen Grad an Verwirklichung erreicht haben, solche Erfahrungen besser bewältigen können. Wer sein Tun als bedeutungsvoll und sein Leben insgesamt als sinnerfüllt erlebt, kann besser mit Phasen von Trauer und Schmerz, aber auch mit Unzufriedenheit umgehen, weil er weiß, dass diese integrale Bestandteile des Lebens sind. Das bedeutet nicht, dass wir alles, was uns widerfährt, mit einer besonderen Bedeutung oder einem Sinn aufladen müssen. Der Tod eines geliebten Menschen, eine schwere Erkrankung, die Zerstörung der bisherigen beruflichen oder privaten Existenz sind Einbrüche ins Leben, die zunächst einfach schmerzhaft sind und mit denen wir fertig werden müssen. Ein als sinnhaft erfahrenes Leben schafft es in der Regel – auf lange Sicht betrachtet –, diese Erfahrungen zu integrieren. Die Bewältigungsstrategien, die wir wählen, können unterschiedlich sein und haben viel mit unserem Weltbild und unserer Glaubensüberzeugung zu tun. Daher können wir das, was uns persönlich hilft, nicht einfach an andere als hilfreiche Tipps weiterreichen.

Es gibt Menschen, die eine Krise als Chance betrachten, um etwas zu verändern oder etwas Neues zu beginnen. Dies gelingt jedoch meist erst, wenn die Krise überwunden ist und man bereits etwas Neues oder Hilfreiches erkannt hat. In der Krise selbst dominieren Schmerz, Wut, Trauer, Resignation, Verzweiflung oder andere negative Gefühle und Sichtweisen. Wem es gelungen ist, eine Krise zu bewältigen und wer darauf aufbauend etwas Neues und Positives in seinem Leben erkennt, hat vielleicht für zukünftige Krisen etwas, woran er sich orientieren kann. Allerdings gibt es keine Garantie dafür, dass diese Methode bei kommenden Krisen ebenfalls wieder funktionieren wird.

Andere Menschen sind davon überzeugt, dass alles, was ihnen widerfährt, auch das Negative, einen tieferen Sinn hat. Sie werden versuchen, dieses Ereignis als eine für ihre Entwicklung notwendige Erfahrung in ihre eigene Lebensgeschichte zu integrieren. Auch das stellt eine mögliche Bewältigungsstrategie dar, die aber nicht für alle Menschen hilfreich und plausibel ist. Nicht jeder glaubt daran, dass man nur die Päckchen tragen muss, die man wirklich tragen kann, und dass alles, was Menschen widerfährt, eine Bedeutung hat.

Manche sind davon überzeugt, dass das, was sie erleben, weder einen tieferen Sinn hat noch vom Schicksal vorherbestimmt ist, sondern dass die Dinge einfach passieren, weil sie Teil des Lebensprozesses sind. Auch das kann eine hilfreiche Perspektive sein, da sie weder mit der Frage nach Schuld noch nach zu leistenden Aufgaben verbunden ist. Diese Menschen verwenden ihre Energie dann mehr darauf, einen Weg aus der Krise zu finden und weniger darauf, das Ereignis in die eigene Lebensgeschichte als notwendiges Element zu integrieren.

Für die Bewältigung von Lebenskrisen gibt es also kein Patentrezept, und das, was einmal geholfen hat, greift in einer anderen Lebenssituation vielleicht nicht mehr. Doch wer ein Leben führt, in dem verschiedene Bereiche, die er als bedeutsam erlebt, eine Rolle spielen, hat bessere Chancen, solche Krisen zu bewältigen.

Sinnkrisen müssen jedoch nicht immer mit den von Karl Jaspers beschriebenen Grenzerfahrungen verbunden sein. Sie können auch ein Indikator dafür sein, dass es Dinge im Leben gibt, die so nicht mehr passen, an denen wir aber weiter festhalten. Sie erwachsen beispielsweise aus veränderten Lebenssituationen, in denen wir noch nicht wissen, wie wir damit umgehen sollen. Hier geht es primär darum, sich neu zu orientieren und andere Bereiche zu finden, die als bedeutungsvoll erlebt werden können. Das Problem mit der Sinnhaftigkeit besteht darin, dass wir diese immer wieder neu justieren müssen, da gerade die Dimension der »Orientierung« nichts Statisches ist. Sie wird durch veränderte Lebenssituationen beeinflusst. Wir kommen nicht umhin, auf die Anforderungen des Lebens zu reagieren. Je aktiver ein Mensch im Leben steht, in je mehr Lebensfeldern er aktiv ist, auf umso mehr Bereiche muss er reagieren und diese aktiv gestalten. Ein einmal »gefundener« Lebenssinn und die darin erfahrene Bedeutsamkeit ist letztlich nur eine Antwort auf oder eine Vision für eine Lebenssituation.

Was als Sinn empfunden und gesehen wird, hängt von Lebensphasen und Lebenssituationen ab. Je funktionaler, gesättigter und etablierter eine Gesellschaft ist und je weniger sich ihre Mitglieder um die basale Daseinsfürsorge kümmern müssen, desto größer scheint die Sehnsucht nach den großen sinnstiftenden Lebensvollzügen zu werden. Besonders junge, gut ausgebildete Menschen werden in diesen Gesellschaften von der Sehnsucht nach großen Idealen angetrieben. So positiv diese Sehnsucht nach sinnhaften Lebensvollzügen auf den ersten Blick erscheinen mag, so wenig garantiert sie, dass am Ende das erstrebte Ziel erreicht wird.

In ihrem Artikel »Sinn und Zweck. Lass mal kleiner denken« beschreibt die Zeit-Journalistin Sara Tomšić dieses Phänomen sehr schön: »Mein Vater [der aus armen Verhältnissen als junger Mann aus Kroatien nach Deutschland ging] findet Sinn in Demut, in dem Gedanken, dass er ein kleiner Teil von etwas Großem ist. Ich frage mich, warum gelingt das so vielen anderen nicht, mir nicht? Mein Vater sagt: ›Menschen haben verlernt zu teilen, darum wollen sie auch kein Teil von etwas sein.‹ Ich glaube, er hat Recht. Stattdessen erscheint sinnhaft, was dem Menschen eine große, schillernde Rolle verspricht. Eine historische Wichtigkeit, ein schneller Egoboost. Ein Staubkorn im Universum wollen die wenigsten sein.« Die Gefahr besteht also darin, dass wir erwarten, die Sinnerfahrung müsste unser Leben zu einem besonderen Ereignis machen, und dass wir deshalb vor lauter Suche nach dem Besonderen das Naheliegende und Alltägliche für bedeutungslos halten.

Aber nicht immer entspringt das fehlende Sinngefühl dieser Haltung. Manchmal sind es die sogenannten Übergangsstadien im Leben, die zu Lebenskrisen werden können. Kinder sind erwachsen geworden und verlassen das Elternhaus. Eltern sind nun wieder viel stärker ein Ehepaar. Rollen müssen neu definiert und gelebt werden. Diese Phase ist für den Elternteil, der wegen der Kinder nicht berufstätig war, das einschneidendere Erlebnis, das der/die stets berufstätige PartnerIn anders erlebt. Auch das Berufsende und der Rentenbeginn können eine solche Phase sein, die nicht nur positive Gefühle in Bezug auf die Freiheit erzeugt.

Während diese Situationen mit Veränderungen verbunden sind, gibt es Krisen, die aus dem Gegenteil, dem Gefühl der Stagnation erwachsen. Dies ist der Fall, wenn die Routine, die das Leben erleichtert, nur noch als Hamsterrad erlebt wird und es an neuen, bereichernden Impulsen mangelt. Hier hat das eigene Tun an Bedeutung verloren. Wir müssen uns dann neu orientieren. Dies fällt uns oft nicht leicht, da unser Gehirn Routine liebt. Die Wiederholung des immer Gleichen kostet das Gehirn wenig Energie, weshalb es diesen Zustand präferiert. Dazu kommt, dass das Gehirn Risiken besser erkennen und plastischer ausmalen kann als Chancen. Dies ist einer der Gründe, weshalb wir oft zu lange in unbefriedigenden Situationen ausharren, statt etwas zu verändern und etwas Neues zu beginnen.

Es ist aber eines der Wesensmerkmale des Menschen, dass er trotz einer gewissen Präferenz des Gehirns für das immer Gleiche Neuanfänge initiieren kann. Für Hannah Arendt war diese Fähigkeit eine der zentralsten, die den Menschen in seinem Menschsein auszeichnet. Sie prägte dafür den Begriff der Natalität, der Gebürtlichkeit. Dem Menschen kommt »*die Fähigkeit zu [...], selbst einen neuen Anfang zu machen, das heißt zu handeln*«.[7]

Auf der einen Seite umschreibt der Begriff der Natalität die Tatsache, dass mit der Geburt eines jeden Menschen ein Neuanfang gesetzt wird, den das Kind im Lauf seiner Entwicklung kontinuierlich gestaltet. Auf der anderen Seite ist dieser Begriff mit der wesentlichen Fähigkeit des Menschen, ein handelndes und damit gestaltendes Wesen zu sein, verbunden. Handeln hängt für Arendt primär mit dem gesellschaftlichen Bereich zusammen. Als gesellschaftliches Wesen gestaltet der Mensch in Beziehung zu anderen seine Welt. Handeln vollzieht sich in der Gemeinschaft und setzt Freiheit voraus. Durch sein Tun und Sprechen kann der Mensch einen Neuanfang setzen, im Positiven wie im Negativen.

Wenn wir im Leben neue Bedeutungsfelder suchen oder alte, die durch Lebensumstände in den Hintergrund getreten waren, wieder neu beleben, dann setzen wir einen Neuanfang. Bedeutungsfelder sind Dimensionen im Leben, die wir als bedeutsam erleben, weil sie uns Orientierung geben. In der psychologischen Sinnforschung haben sich einige Lebensbedeutungen als besonders sinnstiftend erwiesen: Menschen, die sich für die Gemeinschaft engagieren, denen nachfolgende Generationen nicht egal sind, die sich mit sich selbst auseinandersetzen, die sich um andere kümmern, eine spirituelle oder religiöse Grundausrichtung haben – um nur einige dieser Lebensbedeutungen zu nennen – empfinden ihr Leben oft als bedeutsam und sinnhaft. Natürlich müssen nicht alle Bedeutungsdimensionen gleichermaßen im eigenen Leben auftauchen. Aber auch das hat sich gezeigt: Je mehr unterschiedliche Dimensionen ein Mensch berührt, je »breiter« er sinntechnisch aufgestellt ist, desto sinnhafter empfindet er sein Dasein.[8]

Warum es sinnvoll ist, sich nicht nur um die eigenen Bedürfnisse zu kümmern

Sinnstudien zeigen, dass nicht alles, was wir für bedeutsam erachten, das gleiche Sinnpotenzial hat. Dort, wo wir uns aktiv ins Leben einbringen und den Blick von uns selbst auf die anderen und die Welt um uns herum richten, erleben wir dieses Tun auf Dauer erfüllender, als wenn wir uns ausschließlich um die Verwirklichung unserer eigenen Potenziale kümmern. Sich sein ganzes Leben lang um sich und die Erfüllung der eigenen Bedürfnisse zu drehen, kann Sinnerleben blockieren. Wobei, ganz nebenbei: Man kann sich sein ganzes Leben lang nur um sich selbst drehen, indem man vermeintlich höhere Ziele wie Selbsterkenntnis, spirituelles Wachstum und so weiter verfolgt. Hehre Ziele verhindern nicht, dass wir in unserer Egozentriertheit hängenbleiben, selbst wenn die Ziele darauf angelegt sind, diese Egofixierung zu durchbrechen. Offen zu sein für unsere Mitmenschen ist daher ein guter Weg, sich ins Leben einzubringen.

Überall dort, wo wir den Anspruch des Lebens – und An-Spruch darf man hier ganz wörtlich als Angesprochensein verstehen – annehmen und etwas tun, können wir so etwas wie Sinn erfahren. Sie fragen sich vielleicht: Woher weiß ich denn, was mich anspricht? Alexander Batthyány, Leiter des Wiener Viktor Frankl Instituts, schreibt in seinem Buch »Überwindung der Gleichgültigkeit«: »*Es kann alles sein, das ohne unseren ganz eigenen Beitrag nicht geworden wäre und nun die Welt und das Leben bereichert.*«[9] Was Batthyány hier beschreibt, ist ein gutes Beispiel für die eingangs genannte Komponente der Bedeutsamkeit, die zu den vier Faktoren von Sinnerfüllung zählt.

Es wäre allerdings ein Missverständnis, unter diesen Dingen, die die Welt bereichern, nur die sogenannten großen Würfe zu verstehen. Ein freundliches Wort, ein Lächeln, eine kleine alltägliche Hilfsbereitschaft genügen oftmals schon. Wer glaubt, nur in den großen Dingen etwas Bereicherndes erfahren zu können, setzt sich unter Druck. Um das eigene Leben als sinnhaft zu empfinden, müssen wir nicht gleich das Klima retten, die soziale Ungerechtigkeit in der Welt beseitigen, bessere Lebensbedingungen für die Menschen im globalen Süden schaffen, um nur einige Beispiele zu nennen. Mit Interesse und Wohlwollen für andere durch das Leben zu gehen, kann genauso sinnerfüllend sein. Das heißt nicht, dass wir uns nicht um die großen Dinge im Leben kümmern sollten. Doch es ist ein Unterschied, ob wir uns aktiv mit diesen Themen beschäftigen, weil wir ihre Dringlichkeit sehen oder weil wir hoffen, dass sie unserem Leben eine tiefere Sinndimension verleihen.

Noch etwas sollten wir uns bewusst machen, wenn es um andere Menschen jenseits der alltäglichen kleinen Dinge geht: Bereichernd ist für diese nicht immer das, was wir als bereichernd betrachten. Wer sich auf andere einlässt, sollte sich daher die Mühe machen, zu eruieren, was deren Bedürfnisse sind, um ihnen nicht etwas überzustülpen, was sie gar nicht möchten. Das bedeutet nicht, dass wir uns zu Bedürfnisbefriedigern der anderen machen müssen. Sich selbst aufzugeben, ist ebenfalls nicht gesund und auch nicht sinnerfüllend. Unser Engagement für das Leben folgt keinem festen Programm. Der An-Spruch des Lebens kann je nach Lebenssituation sehr unterschiedlich sein. Wer kleine Kinder erzieht, hat andere »Aufgaben« als jemand, der gerade in Rente gegangen ist. Wer gesundheitlich angeschlagen ist, hat andere Ressourcen als jemand, der in der vollen Blüte seiner Kräfte steht.

Wesentlich ist zu verstehen, dass wir nichts verlieren, wenn wir uns einbringen, sondern etwas gewinnen, nämlich eine Form von Erfüllung. Erfüllung beschreibt so verstanden aber nicht einen ekstatischen Zustand, sondern das Gefühl, innerlich so voll zu sein, dass man etwas (ab)geben kann und dieses Geben nicht als Verlust, sondern als Bereicherung erfährt. Wer sich zum Beispiel als Mentor für einen jungen Menschen engagiert, der ohne diese Unterstützung wahrscheinlich schlechtere Startchancen im Leben hätte, wird diese Tätigkeit vermutlich als erfüllend erleben, wenn er merkt, dass sie etwas bewirkt, obwohl sie auch anstrengend ist.

Wofür es sich lohnt, sich zu engagieren

John Stuart Mill, einer der Mitbegründer des Utilitarismus, betonte, dass das Engagement zur Verbesserung der Lebensumstände in der Welt eines der Elemente sei, das am nachhaltigsten die eigene Zufriedenheit steigert: »*Wenn Menschen mit einem leidlich günstigen äußeren Schicksal am Leben nicht genug Freude finden, um es als lebenswert zu empfinden, hat das seine Ursache gewöhnlich darin, dass sie nur an sich selbst denken.*«[10]

Der Utilitarismus ist eine Ethiktheorie, deren Ziel das Erlangen von Glück bzw. Wohlbefinden für eine größtmögliche Anzahl von Menschen ist. Er vertritt zudem einen universalistischen Anspruch, der besagt, dass jeder Mensch das gleiche Anrecht auf Wohlergehen hat.

Mill war überzeugt, dass der Kampf für eine bessere Welt eben nicht nur ein Gewinn für alle anderen ist, sondern gerade für den, der sich engagiert, obwohl dieses Engagement sehr mühevoll sein kann: »*Und obgleich ihre Beseitigung bedrückend langsam vonstatten geht, obgleich eine lange Reihe von Generationen im Kampfe fallen muss, bevor die Schlacht geschlagen ist und diese Welt zu dem wird, wozu sie mit rechtem Wissen und Wollen gemacht werden kann, wird jeder, der einsichtig und großmütig genug ist, um einen wie immer geringen und unbedeutenden Teil der Aufgabe zu übernehmen, diesen Kampf als eine edle Befriedigung erleben, die er um keiner Lockung selbstsüchtigen Genusses willen aufzugeben bereit ist.*«[11]

Mills Überzeugung wird von der Psychologie bestätigt. Das Engagement für einen höheren Wert, also etwas, das nicht unmittelbar der eigenen Bedürfnisbefriedigung dient, ist etwas, das uns ein Gefühl von Sinnhaftigkeit vermittelt. Wir empfinden unser Tun als erfüllend und befriedigend. Eine der Wurzeln dafür liegt vermutlich in unserer biologischen »Grundausstattung«: Kein anderes Säugetier ist für seine Überlebensfähigkeit so lange auf die Fürsorge und das Engagement anderer angewiesen wie der Mensch. Allerdings muss der Impuls für dieses Engagement aus uns selbst kommen. Wer sich nur einbringt, weil es erwartet wird, wird vermutlich dieses positive Gefühl, das durch das Engagement entsteht, nicht wahrnehmen, weil er nur eine Pflicht erfüllt.

Die Idee, dass das Engagement für andere nicht nur diesen etwas gibt, sondern demjenigen, der sich engagiert, finden wir auch in der Philosophie Albert Camus. Er sah im solidarischen Kampf gegen ungerechte Lebensbedingungen nicht nur eine wesentliche Aufgabe eines jeden Menschen, sondern gerade auch die Möglichkeit, eine gewisse Sinnhaftigkeit für das eigene Leben in einer ansonsten sinnlosen Welt zu erfahren. *»Ich glaube weiterhin, dass unserer Welt kein tieferer Sinn innewohnt. Aber ich weiß, dass etwas in ihr Sinn hat, und das ist der Mensch, denn er ist das einzige Wesen, das Sinn fordert«*[12], schrieb Camus in seinem Briefe an einen fiktiven deutschen Freund im Juli 1944. Gerade weil es für ihn keinen übergeordneten Sinn, keine höhere Macht gibt, ist der Mensch in die Verantwortung genommen, im Hier und Jetzt gemäß seiner eigenen Mittel und

Möglichkeiten etwas dazu beizutragen, dass das Leben ein kleines bisschen besser wird.

In seinem Roman »Die Pest« liefert Camus eine Idee, wie ein Leben, das sich diesen Idealen verbunden fühlt, aussehen könnte. In Oran, einer Stadt in Nordafrika, bricht in einem nicht genauer genannten Jahr in den 1940ern die Pest aus. Kurz danach wird die Stadt von der Außenwelt isoliert. Das Interessante an diesem Roman, der durch und durch von Camus philosophischem Verständnis durchdrungen ist, ist das Verhalten der verschiedenen Protagonisten in Oran während der fast ein Jahr dauernden Epidemie, die viele Tote fordert.

Zwei der geschilderten Charaktere, der Arzt Dr. Rieux und der Ortsfremde Tarrou, spiegeln Camus philosophische Überzeugungen wider. Beide kämpfen gegen die Pest. Tarrou, der Rieux zum Freund wurde, fungiert als eine Art Chronist der Ereignisse. Er gründet eine Sanitätshilfsgruppe, in der er selbst engagiert ist. Bei einem letzten Aufflackern der Pest erkrankt er und stirbt. Der unermüdliche Einsatz der Hauptfiguren ist keiner Realitätsverweigerung oder einem blinden Optimismus geschuldet, sondern einer Haltung, die Camus mit dem Begriff der Revolte umschreibt. Revolte und Solidarität sind die menschliche Antwort auf die Absurdität des Daseins. Der Einbruch der Pest in den Alltag einer geschäftigen Kleinstadt steht für diese Absurdität. Niemand entkommt ihr. Die Pest sucht ihre Opfer ohne Plan. Jeder kann ihr zum Opfer fallen. Dagegen bäumen sich die Protagonisten auf. Sie können nicht anders, als solidarisch gegen diese Absurdität anzukämpfen, obwohl sie wissen, dass sie nicht gewinnen können. Aber nichts zu tun oder zu resignieren, ist für sie keine Option.

Wir erleben heute immer öfter, dass Menschen davon überzeugt sind, dass das Engagement und der Einsatz für andere oder für eine lebenswertere Welt wenig oder nichts bringen, weswegen sie sich entweder nur noch um ihre eigenen Angelegenheiten kümmern und hoffen, dadurch ein angenehmes Leben zu finden, oder resignieren, was ihrer Zufriedenheit ebenfalls nicht zuträglich ist.

Für Camus ist nicht das Resultat das Entscheidende, sondern der Einsatz. Das heißt nicht, dass der Einsatz nicht auf ein Ziel ausgerichtet sein soll, sondern nur, dass bei einem Nichterreichen des Ziels – und Camus war davon überzeugt, dass unser Einsatz nie das Paradies auf Erden erschaffen wird – der Einsatz nicht umsonst war. Es geht nicht darum, dass wir eine immer bessere Welt schaffen, aus der irgendwann das Leid verschwunden sein wird, es geht darum, sich nicht von der Faktizität der scheinbaren Ausweglosigkeit lähmen zu lassen.

Es gibt in dem Roman ein Gespräch zwischen Rieux und Tarrou, an dessen Ende Rieux fragt, über welchen Weg man zum (inneren) Frieden finde. Die Antwort Tarrous lautet: »Mitgefühl«. Mitgefühl ist die Kraft, die verhindert, dass unser Engagement entweder zu einem routinierten Programm verkommt, das fast automatisiert abläuft, oder dass wir vor lauter guten Ideen und Plänen die Menschen und ihre Bedürfnisse aus dem Blick verlieren. Dort, wo wir Mitgefühl kultivieren, stehen wir in einer Beziehung zu anderen. Dieses Mitgefühl ist die Grundlage für solidarisches Handeln. Entscheidend ist, dass wir uns auf dieses Handeln einlassen und uns dem An-Spruch des Lebens nicht entziehen. Nach Alexander Batthyány zeigt sich dieser dort, wo wir das Leben und die Welt durch unser Tun bereichern können. Das kann etwas Kleines sein, zum Beispiel ein Lächeln, oder etwas Großes wie die Fürsorge für andere.

Ein Hinderungsgrund, weshalb wir uns oftmals nicht so engagieren und einbringen, wie wir es vielleicht gerne möchten, kann darin liegen, dass wir Angst haben, etwas falsch zu machen. Wir zögern oder scheuen uns, etwas in Angriff zu nehmen, das sich uns als ein An-Spruch des Lebens zeigt, weil wir uns zunächst unsicher fühlen. Es ist wichtig, sich bewusst zu machen, dass man in eine Aufgabe hineinwachsen kann. Der Spruch »Übung macht den Meister« gilt auch hier.

Tarrou ist dafür ein gutes Beispiel: Obwohl er nicht aus dem medizinischen Bereich kommt, baut er eine Sanitätsgruppe auf, und zwar aus einem einzigen Grund: weil es zu wenige medizinische Hilfskräfte gibt. Dieses Faktum ist zwar allen anderen Bewohnern Orans ebenfalls bewusst, doch während sie nichts tun, ergreift Tarrou die Initiative. Er lässt sich von der Situation ansprechen und wächst in seine Aufgabe hinein. Genauso können wir an und mit Aufgaben wachsen, wenn wir bereit sind, uns auf diese einzulassen.

Rieux handelt zwar seiner Profession als Arzt entsprechend, aber seine Motivation ist nicht nur seinem ärztlichen Eid geschuldet, sondern seiner Überzeugung, dass die Menschen es verdienen, dass man für sie kämpft – wohlwissend, dass er den Kampf gegen die Pest mit den ihm zur Verfügung stehenden Mitteln nicht gewinnen kann. Rieux, der sich am Ende als Erzähler der Geschichte offenbart, erklärt, weshalb er alles, was in Oran passiert ist, aufzeichnen möchte: »*Er wollte schlicht schildern, was man in den Heimsuchungen lernen kann, nämlich, dass es an den Menschen mehr zu bewundern als zu verachten gibt.«*[13]

In diesem positiven Menschenbild liegt die Kraft für das Engagement für eine bessere Welt, selbst wenn diese niemals perfekt werden wird. Dabei kann es sehr hilfreich sein, nicht wie ein Buchhalter kleinlich die Fehler und Schwächen seiner Mitmenschen aufzurechnen – die eigenen übersieht man in der Regel sowieso –, sondern mit einer gewissen Großzügigkeit über Unzulänglichkeiten hinwegzusehen und sich auf die positiven Seiten zu fokussieren. Diese Haltung ist der Sinnerfahrung sehr zuträglich.

Es gibt aber auch ein Engagement für etwas Nachhaltiges oder Bedeutsames, das erst einer nachfolgenden Generation zugutekommt: zum Beispiel Großeltern, die sich um ihre Enkel kümmern, Menschen, die sich als Mentoren für Jüngere engagieren oder um den Erhalt der Umwelt sorgen. Die Belange der nachfolgenden Generation im Blick zu haben, auch in dem Sinne, ihr eine lebenswerte Umwelt zu hinterlassen, bezeichnet man als Generativität. Wir müssen uns im Kontext der Generationenfürsorge die Frage stellen: Was für eine Welt hinterlassen wir nachfolgenden Generationen? Beziehungsweise was für eine Welt möchten wir ihnen überlassen? Dabei geht es nicht nur um ökologische Aspekte, sondern darum, welche Art von Gesellschaft, welche Werte, was für ein Wirtschaftssystem wir ihnen übergeben.

Der Psychologe Erik Erikson und seine Frau Joan Erikson gebrauchten den Begriff der Generativität im Kontext ihres Entwicklungsmodells. Im Stufenmodell der Eriksons ist die Generativität die siebte von acht Entwicklungsstufen, die ein Mensch in seinem Leben durchläuft. Auf jeder Stufe gibt es einen Widerstand, der, wenn er gut gemeistert wird, eine weitere Entwicklung ermöglicht. Der Widerstand auf der siebten Stufe ist die Selbstabkapselung und Stagnation: Der Mensch kümmert sich nur noch um sich selbst. Generativität ermöglicht in diesem Modell die Befreiung aus dem Gefangensein im eigenen Ego. Sie hat somit immer auch eine fürsorgliche Dimension. Sozial kompetente Menschen, die psychisch ausgeglichen und offen für neue Erfahrungen sind, scheinen besonders generativ zu sein.

Eine Form der Generativität kann darin bestehen, sein Wissen weiterzugeben. Seneca schrieb in einem seiner Briefe an Lucilius: »*Mein Schaffen gilt der Nachwelt, für die ich aufschreibe, was vielleicht Wert für sie haben könnte. Den Rezepturen heilsamer Arzneien vergleichbar, vertraue ich meine hilfreichen Rat-*

schläge dem Papier an. Ihre Wirksamkeit konnte ich an meinen eigenen Leiden erproben, die zwar noch nicht völlig ausgeheilt sind, aber doch nicht wenigstens weiterwuchern.«[14]

Seneca schrieb nicht für den Ruhm der Nachwelt, sondern weil er als stoischer Philosoph selbst Erfahrungen gemacht hatte, die ihm halfen, das Leben besser zu ertragen und gut zu gestalten. Dieses Wissen wollte er der Nachwelt hinterlassen, damit diese von seinen Erfahrungen profitieren kann. Auch das ist eine Form der Fürsorge für nachkommende Generationen.

Wir müssen nicht alle Fehler selbst machen und nicht jedes Rad muss von uns neu erfunden werden. Wir können immer auf das Wissen anderer zurückgreifen. Das Beeindruckende in der Geschichte der Menschheit ist, dass nachfolgende Generationen auf den Erkenntnissen, Entdeckungen, aber auch der Umsicht und Fürsorge der vorausgegangenen aufbauen konnten.

Gemeinsam statt einsam

Die eigenen Potenziale verwirklichen zu können, Zeit für sich und seine Interessen zu haben, ist für viele Menschen heute sehr wichtig. Doch als soziale Wesen sind wir immer auch auf Gemeinschaft bezogen. Es erstaunt daher nicht, wenn in Umfragen, in denen Menschen benennen sollen, was ihnen im Leben wichtig ist, an vorderster Stelle Familie und Freunde stehen.

Der Wunsch nach Zugehörigkeit und Zusammenhalt ist bei vielen nach wie vor stark ausgeprägt. Da wir heute, anders als die Menschen der Antike oder des Mittelalters, nur noch selten in kleinen Dorfgemeinschaften und familiären Großverbänden leben, müssen wir uns selbst aktiv um die Zugehörigkeit zu Gemeinschaften bemühen. In den vormodernen Gesellschaften teilten Menschen sehr viele Lebensbereiche, die dem Gefühl des Eingebundenseins und Verbundenseins zuträglich waren. Dies ist in modernen Gesellschaften nicht mehr der Fall.

Am leichtesten gelang es modernen Gesellschaften bislang in Krisensituationen wie Kriegen oder Naturkatastrophen, ein Gefühl von Zusammengehörigkeit zu schaffen. Allerdings sind diese Zusammengehörigkeitserfahrungen nicht nachhaltig. In dem Moment, in dem die Krise überwunden ist, zerfällt die damit verbundene Schicksalsgemeinschaft. Dass die Coronakrise dieses Verbundenheitsgefühl nicht herstellen konnte, hat damit zu tun, dass die entscheidende Maßnahme zur Bewältigung der Pandemie die Kontaktreduzierung war und ist. Menschen sollen im realen Leben so wenig wie möglich miteinander interagieren. Bei Naturkatastrophen oder in Kriegen ist das gemeinsame Agieren ein wesentliches Element, um der Krise zu trotzen, und dies erzeugt das positive Gefühl von Gemeinschaft.

Wie emotional stabilisierend die Zugehörigkeit zu einer relativ kleinen und man muss fast schon sagen verschworenen Gemeinschaft ist, zeigte der amerikanische Anthropologe und Journalist Sebastian Junger. Er verbrachte 2007 und 2008 einige Monate mit einer Einheit der amerikanischen Streitkräfte in Afghanistan und hielt mit verschiedenen Mitgliedern dieser Einheit noch nach deren Rückkehr in die USA Kontakt. Was ihn überraschte, war die Tatsache, dass viele der Rückkehrer, obwohl sie in Afghanistan zum Teil massive Belastungen aushalten mussten und Schlimmstes erlebt hatten, sich dorthin zurücksehnten. Sie vermissten das Gefühl der engen Gemeinschaft mit ihren Kameraden und Kameradinnen, die sie dort erlebt hatten. Junger schrieb 2017 ein Buch mit dem Titel »Tribe. Das verlorene Wissen um Gemeinschaft und Menschlichkeit«. Sein Fazit lautet: Moderne Gesellschaften bieten dem Individuum viel Freiraum und haben ihm die existenzielle Daseinsfürsorge abgenommen, allerdings um den Preis eines massiven Verlustes der Verbundenheitserfahrung. Dieses Gefühl, mit niemandem verbunden zu sein, kann zu Depressionen und dem Verlust des Lebenssinns führen. Was Junger hier beschreibt, bestätigt mehr oder weniger die Sinnforschung.

Die große gesellschaftliche Herausforderung wird sein, dass wir Gruppenzugehörigkeiten ermöglichen, in denen Menschen das positive Gefühl der Einbindung erfahren können, ohne exklusiv zu sein. Tribalistische Strukturen, wie wir sie in der Geschichte der Menschheit lange hatten, werden in einer immer stärker vernetzten Welt kaum die Antwort auf diese Herausforderung sein können.

Dass die Vereinsamung ein immer größeres gesellschaftliches Problem wird, zeigen verschiedene Studien. Gerade das Lebensende kann von Einsamkeit geprägt sein. Soziale Isolation und Einsamkeit sind jedoch nicht nur psychische Stressoren, sondern sie torpedieren zudem massiv das Gefühl von Sinnhaftigkeit. Mit unterschiedlichen Angeboten versuchen Kirchen, Kommunen und Wohlfahrtsverbände Begegnungsräume und Freizeitangebote zu schaffen. Das Problem bei all diesen Angeboten ist, dass sie oftmals die Menschen, die sich bereits isoliert und einsam fühlen, nicht mehr erreichen.

Es sind aber nicht nur alte Menschen, die unter der zunehmenden Vereinsamung leiden, selbst Jüngere können Schwierigkeiten haben, ausreichend soziale Kontakte zu finden und zu pflegen. Arbeitsplatz und Wohnort sind heute oftmals getrennt. Als Erwachsener bleibt man selten an dem Ort, an dem man zur Schule gegangen und aufgewachsen ist. All diese Veränderungen ermöglichen es zwar dem Einzelnen, seine Potenziale zu verwirklichen, für das Erleben von Verbundenheit sind diese Entwicklungen jedoch kontraproduktiv.

Dies bedeutet, dass wir an den Orten, an denen heute immer mehr Menschen leben, nämlich in den Städten, neue städtebauliche Akzente setzten müssen, die das Erleben von Gemeinschaft wieder stärker möglich machen. Die im Zuge der 1960er-Jahre vorgenommenen baulichen Umgestaltungen der Städte auf die Bedürfnisse des Individualverkehrs, verbunden mit einer immer stärkeren Trennung der Bereiche Arbeit, Wohnen, Kultur und Freizeit, erweist sich nicht nur angesichts der Klimathematik als problematisch, sondern auch hinsichtlich von Begegnungsmöglichkeiten. Die von vielen als schön empfundenen Städte aus der Zeit des Mittelalters bis hin zur Gründerzeit sprechen Menschen aufgrund ihrer architektonischen Strukturen an, die diese Mischung der verschiedenen Nutzungsbereiche aufweisen.[15]

Entscheidend ist die Nutzung der Erdgeschosse in den Häusern. Gerade in südeuropäischen Städten befinden sich Kleingewerbe, Handwerkswerkstätten, Einzelhändler, Bars, Cafés und Wohnungen in unmittelbarer räumlicher Nähe. Der öffentliche Raum wird immer wieder von Plätzen unterbrochen, die von den Bewohnern der Viertel als zwanglose Begegnungsflächen genutzt werden. Die Bedrohung dieser gewachsenen Stadtquartiere ist mittlerweile der Overtourismus, der durch eine auf die Bedürfnisse von Touristen zugeschnittene Infrastruktur diese Mischung zerstört. Die schiere Masse an Bewunderern zerstört letztlich das, was sie bewundert.

Dass Stadtentwicklung etwas ist, das eines bewussten politischen Gestaltungswillens bedarf, zeigt sich mittlerweile in mehr oder weniger allen Metropolen, aber auch in kleineren Städten. Ohne klare politische Vorgaben dominiert die Städte eine an Gewinnmaximierung orientierte Entwicklung, die dem Thema Begegnung und soziale Interaktion diametral entgegengesetzt ist. Wohnraum und Gewerbeflächen werden immer teurer und sind für viele Menschen nicht mehr bezahlbar. Wohnungen in guten Lagen sind ob ihres Preises nicht selten Zweit- oder Drittwohnungen, die die meiste Zeit leerstehen. Kleingewerbe, kleine Handwerks- und Kulturbetriebe, die Quartiere lebendig machen, müssen diese verlassen, weil sie die Mieten nicht mehr erwirtschaften können. Diese Mischung, die ein Viertel lebendig macht und die Begegnungen von Menschen im Alltag ermöglichen, ist in immer wenigeren Quartieren anzutreffen.

Da in fast allen europäischen Städten die Grundstückspreise in den Innenstädten extrem hoch sind, ist es für Kommunen leichter, in neu erbauten, nicht-innerstädtischen Vierteln ökologische und gemeinschaftliche Konzepte zu verwirklichen.

In Wien wagte die Stadt mit der Seestadt Aspern im 22. Bezirk ein solches Projekt. In Stockholm wurde im Zuge der Olympiabewerbung für 2004 ein altes Hafen- und Industriegebiet auf einer der kleinen Inseln der Stadt zu einem neuen Wohnprojekt. Man legte bei der Konzeption und Umsetzung Wert darauf, dass das neue Viertel »Hammarby Sjöstad« ökologisch und lebenswert gestaltet wurde.[16]

Städteplanerische Akzente für mehr Lebensqualität sind in traditionellen Innenstadtvierteln besonders dort möglich, wo nicht mehr benötigte Bauobjekte oder Grundstücke im Besitz der öffentlichen Hand sind. In einigen deutschen Großstädten wird nun über die Neunutzung kommunaler Parkhäuser oder nicht mehr genutzter Verwaltungsgebäude diskutiert. Aber auch die Errichtung und das Betreiben kommunaler Kioske auf öffentlichen Flächen mit Sitzbereichen, die ohne Konsumation genutzt werden können, bringen Menschen zueinander, insbesondere wenn dort terminlich feste Ereignisse wie Bürgersprechstunden, Beratungen, Eltern-Kind-Begegnungen, Senioren- oder generationenübergreifende Kaffeetreffs stattfinden. Aber auch von Bürgern betriebene Läden oder Lokale und Räume, in denen Coworking, öffentlich nutzbare Werkstätten für Reparaturarbeiten, Übungsräume für Musiker oder Gesundheitsangebote ihren Platz haben, erleichtern die Begegnung von Menschen und festigen die gemeinschaftlichen Strukturen in einem Viertel. Während der Corona-Pandemie zeigten einige Städte, dass es leicht umsetzbare Ideen gibt, wenn der politische Wille vorhanden ist. So wurden bestimmte Plätze und Straßen für den Autoverkehr gesperrt und der so gewonnene Raum den Anwohnern als Außenfläche zur Verfügung gestellt. Je mehr öffentlicher Raum der Allgemeinheit zur Verfügung steht, desto leichter findet Begegnung statt. Angesichts der Tatsache, dass immer mehr, vor allem junge Menschen vom Land in die Stadt ziehen, braucht es Konzepte, die deren Gemeinschaftsbedürfnis entgegenkommt.

Die Suche nach dem Gefühl von Zugehörigkeit kann in unseren Zeiten aber auch wieder tribalistische Züge annehmen. Das sehen wir im Kontext der heiß diskutierten Identitätspolitik. Unter Identitätspolitik versteht man den politischen Kampf um die Teilhabe an Rechten der Mehrheit von bis dato diskriminierten Minderheiten. Es geht dabei aber nicht nur um Emanzipation, Partizipation und Chancengleichheit, sondern auch um das Gefühl der Zugehörigkeit zu einer bestimmten Gruppe. Denn diese erzeugt ein Gefühl von Sicherheit und Gemeinschaft. Die Zugehörigkeit zu einer Gruppe kann durch ethnische, religiöse, soziale Merkmale oder solche, die die eigene Sexualität oder das Geschlecht betreffen, definiert sein. Meines Erachtens ist es kein Zufall, dass in Zeiten, in denen das Erleben von Gemeinschaft immer mehr aktive Bereitschaft und Arbeit des Einzelnen voraussetzt, plötzlich die Identitätspolitik im öffentlichen Raum präsenter wird. Was diese für das gesamtgesellschaftliche Miteinander problematisch macht, ist ihr Exklusionscharakter: Wenn sich Mitglieder einer Gruppe ausschließlich über die Merkmale dieser Gruppe definieren, festigt dies zwar die Zugehörigkeit untereinander, trennt die Mitglieder aber von allen, die diese Merkmale nicht teilen. Wer nicht Teil der eigenen Gruppe ist, ist ein Außenstehender, der wiederum ausschließlich durch sein Andersein definiert wird. Dies kann zur Ablehnung des anderen führen.

Natürlich haben nicht alle Gruppenbildungen einen dezidiert exklusiven Charakter. Je weniger die Ausrichtung einer Gruppe die Identität der Menschen berührt, desto leichter kann man Mitglied werden und desto weniger ausgeprägt ist die Abgrenzung von Nichtmitgliedern. Die Mitgliedschaft in einem Sportverein oder in einem Chor beispielsweise wird in der Regel nicht als identitätsstiftend betrachtet, selbst wenn man sich seinem Verein eng verbunden fühlt und viel Zeit und Engagement dort einbringt.

Dass wir nie nur Angehörige einer Familie oder Ethnie oder Kultur sind, uns nur durch diese Zugehörigkeiten positiv definieren und nur dadurch ein Gefühl von Zugehörigkeit erleben können, davon waren allerdings schon einige Traditionen der Antike überzeugt. In der stoischen Philosophie, die ähnlich wie der Buddhismus oder die jesuanische Ethik einen universalistischen Ansatz verfolgte, wurde immer wieder an das Verbindende zwischen allen Menschen erinnert: »*Beklagst du dich über irgendetwas, so hast du vergessen, [...] welch innige Verwandtschaft zwischen dem einzelnen Menschen und dem ganzen Menschengeschlecht besteht; denn hier findet nicht sowohl eine Gemeinschaft von Blut oder Samen als vielmehr Teilhaftigkeit einerlei Geistes statt.*«[17]

Wenn wir davon ausgehen, dass wir als Menschen alle durch unseren Geist verbunden sind, dann impliziert das, dass wir, egal wie verschieden wir sind, über etwas verfügen, das uns hilft, andere Positionen, Haltungen und Lebenserfahrungen nachvollziehen zu können, selbst wenn wir diese nicht selbst erlebt oder gemacht haben. Für die Stoiker geht es dabei jedoch nicht nur um ein kognitives Nachvollziehenkönnen. Da wir empfindungsfähige Wesen sind, sind wir auch auf der emotionalen Ebene in der Lage, eine Beziehung zu anderen Menschen aufzubauen, die nicht zu unserem unmittelbaren familiären oder gesellschaftlichen Umfeld gehören. Wohlwollen und Wertschätzung sind zwei Haltungen, die diese Menschenliebe, die eine zentrale Idee der Stoiker war, befördern. Mark Aurel ermutigt uns, diese nicht vom Verhalten der anderen abhängig zu machen. Es gibt nun einmal Individuen, die sich egoistisch, missmutig, ungerecht oder grausam verhalten, weil sie diese Verbundenheit nicht erkennen können oder wollen. Unabhängig davon, wie sich die anderen verhalten, sollte das eigene Tun etwas Gemeinschaftsdienliches beinhalten: *»Tue nichts mit Unwillen, nichts ohne Rücksicht aufs Gemeinwohl […].«*[18]

Ich finde diesen Gedanken Mark Aurels sehr hilfreich, um nicht an der Menschheit zu verzweifeln. Es wird immer solche geben, die sich antisozial verhalten, doch sollen wir uns von ihnen und ihrem Tun nicht in unserem eigenen Tun und Urteilen beeinflussen lassen: *»Verbringe den Rest deines Lebens nicht in Gedanken an andere, wenn sie keine Beziehung zum Gemeinwohl haben.«*[19] Letztlich schaden sie sich selbst. Menschen, die sich gemeinschaftsförderlich verhalten, sind in der Regel Teil von Gemeinschaften, in denen sie das Gefühl von Verbundenheit und Gemeinschaft erfahren können, und dieses Gefühl trägt wiederum zum Sinnerleben mit bei.

Teil einer Gemeinschaft zu sein, ist für unser psychisches Wohlbefinden aus einem weiteren Grund sehr wichtig: Wer sich als Einzelkämpfer durchs Leben schlägt, ist für sein Wohl und Wehe selbst verantwortlich. Wer sich hingegen als Teil einer Gemeinschaft sieht, weiß, dass er nicht alles alleine bewältigen muss. Das ist ein sehr angenehmes und entlastendes Gefühl. Geteiltes Leid ist bekanntermaßen halbes Leid – und geteilte Freude ist doppelte Freude.

Freundschaft wagen

Eine besondere Form der Gemeinschaft stellt die Freundschaft dar. In unserer Gesellschaft, in der immer weniger Menschen in einer Großfamilie leben, spielen Freundschaften eine wichtige Rolle. Wie bedeutend Freunde für unser Wohlbefinden sind, zeigen etliche Untersuchungen. Menschen, die Freunde haben, auf die sie sich verlassen können, sind nicht nur zufriedener, sondern auch gesünder. Als soziale Wesen brauchen wir andere, die uns nahestehen und mit denen uns etwas verbindet.

Während man aber in eine Familie hineingeboren wird und familiäre Bande nicht primär von Sympathien abhängen, gilt dies sehr wohl für Freunde. Diese sucht man sich bewusst aus. Wir befreunden uns in der Regel mit Menschen, die uns in gewisser Weise ähnlich sind, das heißt einen vergleichbaren Bildungshintergrund haben, unsere Werte und Überzeugungen teilen und einer ähnlichen sozialen Schicht angehören – kurzum, die etwas Wesentliches mit uns teilen. Doch was zeichnet eine »echte« Freundschaft aus? Ich höre immer wieder von Menschen, dass sie das Gefühl haben, für ihre Freunde nur eine Art Mülldeponie zu sein, auf der man alles, was die anderen im Leben stört, abladen kann, ohne selbst mit den eigenen Problemen und Bedürfnissen wahrgenommen zu werden. Freundschaft basiert jedoch auf wechselseitiger Wertschätzung.

Der griechische Philosoph Epikur fand, dass das Wesen der Freundschaft im gegenseitigen Nutzen, das heißt in der gegenseitigen Unterstützung liegt. Ist dieser Nutzenaspekt nicht gegeben, dann befreunde man sich nicht. Diese Form des Nutzens hat nichts mit ausnutzen zu tun. Wenn wir hoffen, dass unser Freund, unsere Freundin uns in schweren Zeiten beisteht oder uns kritisiert, wenn wir etwas falsch machen, dann ziehen wir einen Nutzen aus einer Freundschaft, aber nutzen niemanden aus.

Ich finde einen Gedanken Hanna Arendts bezüglich der Frage, woran wir echte Freunde erkennen, sehr erhellend: »*Natürlich ist etwas an der Sprichwortweisheit, dass man seine wahren Freunde erst im Unglück kennt; aber diejenigen, die wir von uns aus, ohne vom Unglück belehrt zu sein, für unsere wahren Freunde halten, sind eher diejenigen, vor denen wir uns nicht scheuen, ein Glück zu zeigen, und auf deren Mitfreude wir zählen.«*[20] Vielleicht werden Sie sich jetzt denken: Was ist denn schon dabei, anderen Glück und Freude zu zeigen? Anderen das eigene Glück zu zeigen, ist nicht besonders schwer, aber es kommt auf deren Reaktion an. Mitempfinden zu zeigen, wenn etwas Unerfreuliches passiert, ist oftmals leichter als Mitfreude, wenn anderen etwas Gutes widerfährt. Wem Mitleid zuteilwird, dem geht es normalerweise schlechter als demjenigen, der es gewährt. Beim Glück ist es meist andersherum. Da man kaum auf das Leid eines anderen neidisch sein wird, wohl aber auf dessen Glück, ist es leichter, Mitempfinden zu zeigen als Mitfreude. Wenn sich Freunde also aus ganzem Herzen mit uns mitfreuen können, sind es echte Freunde.

Platon verwies noch auf ein weiteres wichtiges Merkmal einer guten Freundschaft: das gegenseitige Vertrauen. Daran hat sich bis heute wenig geändert. Offenheit, Verlässlichkeit und Ehrlichkeit sind für die meisten Deutschen unverzichtbare Kriterien einer wirklichen Freundschaft. Dennoch muss nicht jede Freundschaft eine existenzielle Tiefe haben. Menschen waren immer schon aus verschiedenen Gründen miteinander befreundet. Eine tiefe Freundschaft können wir nur mit ganz wenigen Menschen führen. Mehr als fünf sind es in der Regel nicht, mit denen wir uns wirklich verbunden fühlen und denen wir uns mit all unseren Wünschen, Sehnsüchten, Verletzungen und Problemen anvertrauen. Aber in unserem Alltag verbringen wir mit mehr Menschen auf die eine oder andere Art Zeit und empfinden diese als angenehm. Bereits der griechische Philosoph Aristoteles wies auf den Unterschied hin: »*Es scheint auch gar nicht möglich, mit vielen ganz eng befreundet zu sein, aus demselben Grunde, aus dem es auch nicht möglich ist, ein Liebesverhältnis mit mehreren zu unterhalten. Denn ein solches bedeutet einen besonders hohen Grad von inniger Zuneigung, und diese gibt es nur im Verhältnis zu einem Einzigen. Ebenso kann man denn auch in ganz intimem Freundschaftsverhältnis nur mit wenigen stehen. [...] Leute mit vielen Freunden, die sich mit jedem gleich vertraut stellen, sind eigentlich niemandes Freund, sofern es nicht bloß ein Verhältnis wie zwischen Nachbarn und Mitbürgern sein soll. Jene Leute nennt man denn auch Allerweltsfreunde. Nur im Sinne solcher nachbarschaftlichen Verhältnisse als gute Bekannte ist es möglich, mit vielen befreundet zu sein, ohne doch zu den Allerweltsfreunden zu gehören.*«[21]

Aristoteles unterschied drei Formen der Freundschaft. Er sprach von Freundschaften, die um des Nutzens Willen geschlossen werden. Freundschaften, die dem gemeinsamen Vergnügen dienen, und

Freundschaften, die in einer Wesensgleichheit der Freunde gründen. In der letzteren manifestiert sich für Aristoteles eine echte Freundschaft. Diese unterscheidet sich seiner Ansicht nach fundamental von den beiden anderen Formen. Denn bei der echten oder tiefen Freundschaft steht der andere als Mensch im Zentrum. Wir genießen die gemeinsame Zeit, weil wir die Persönlichkeit des anderen schätzen und er uns als Mensch interessiert. Ein echter Freund zeichnet sich durch die Fähigkeit aus, sich in uns einzufühlen, empathisch zu sein und uns so zu nehmen, wie wir sind. In einer solchen Freundschaft müssen wir uns nicht verstellen.

Und noch etwas betonte bereits Aristoteles, was die moderne Psychologie bestätigt: Freundschaft hat mit Einübung und Ausdauer zu tun. Eine Freundschaft fällt nicht vom Himmel. Nur der Entschluss zur Freundschaft kommt schnell zustande, sagt Aristoteles, die Freundschaft selbst braucht Zeit. Sie muss wachsen und sie kann nicht erzwungen werden, denn ihr Fundament ist Vertrauen und Wertschätzung. Wenn man sich kennenlernt, wird das Gegenüber sehr schnell abgescannt, ob er oder sie es wert ist, dass man mehr Zeit mit dieser Person verbringt. Ist dies der Fall, braucht es freiwillig gemeinsam verbrachte Zeit, bis man jemanden als Freund oder Freundin bezeichnet.

Freundschaften gelingen nur, wenn wir bereit sind, uns auf den anderen einzulassen. Gerade Letzteres fällt heute mehr und mehr Menschen schwer. Nicht wenige Psychologen attestieren unserer Gesellschaft narzisstische Züge. Ein Narzisst verlangt bedingungslose Bewunderung und benutzt andere nur als Plattform, um sich selbst besser inszenieren zu können. Wer eine Freundschaft als Plattform zur Selbstperformance benutzt, hat nicht verstanden, was Freundschaft wirklich bedeutet.

Neben dieser auf einer echten Wertschätzung der Person basierenden Freundschaft gibt es noch andere Formen, die wichtig und wertvoll sind, die jedoch eigene Regeln haben. Eine Freundschaft, die um des Nutzens Willen geführt wird, hält, nach Aristoteles, solange dieser vorhanden ist. Ist dies nicht mehr der Fall, beendet man diese Beziehung oder sie schläft ein. Nutzen ist dabei nicht negativ zu verstehen. Wir schließen im Leben immer wieder Bündnisse und Allianzen, um etwas zu erreichen, entweder für uns oder ein bestimmtes Ziel. Wichtig ist, dass dieser Nutzen für alle Beteiligten letztlich eine Win-win-Situation darstellt. Die moderne Geschäftsfreundschaft kommt dieser aristotelischen »Nutzen-Freundschaft« recht nahe. Man kann mit einem Menschen, mit dem einen eine solchen »Nutzenfreundschaft« verbindet, häufig Zeit verbringen und viele schöne gemeinsame Erlebnisse, aber vermutlich keine privaten Probleme teilen.

Ähnlich verhält es sich mit Verbindungen, in denen es primär um das gemeinsame Vergnügen geht. Sie tun uns gut, müssen aber nicht in die Tiefe gehen. Wir befreunden uns mit jemandem, weil er uns sympathisch ist und ein Interesse teilt. Das Teilen gemeinsamer Werte und Überzeugungen steht hier nicht im Vordergrund. Wenn im Kontext einer solchen Freundschaft Themen auftauchen, bei denen die unterschiedlichen Werteüberzeugungen oder Haltungen deutlich werden und sich in den Vordergrund drängen, kann dies zum Bruch führen. Ansonsten endet diese Art von Freundschaften eher, wenn das, was deren »Kitt« war, nicht mehr existiert: das gemeinsame Ausüben von Hobbies oder die verbindenden Interessen.

Auch Geschäftsfreundschaften sind eine wunderbare Sache, wenn wir wissen, was deren Nutzen oder Zweck ist. Sie bereichern den beruflichen Alltag und sind hilfreich bei der Verwirklichung der eigenen Ziele. Das Problem dabei ist häufig nur: Wenn die berufliche Verbindung nicht mehr existiert, ist diese Art der Freundschaft nicht mehr von Nutzen, weshalb so manche (Geschäfts-)Freundschaft nach dem Berufsausstieg einfach einschläft.

Die dem anderen entgegengebrachte Sympathie reicht meist nicht aus, um diese Freundschaft weiterzupflegen.

Es ist natürlich nicht ausgeschlossen, dass sich aus Freundschaften, die um des Vergnügens oder des beruflichen Nutzens Willen geschlossen wurden, echte Freundschaften entwickeln können. Dies passiert dann, wenn man den anderen um seiner selbst willen schätzt. Nicht mehr der Status oder die Funktion, die jemand ausübt, interessiert uns, sondern der Mensch. Wir möchten Zeit mit ihm verbringen, weil wir ihn als inspirierend und bereichernd erleben, und nicht, weil er uns eine Türe öffnen kann, die uns bei der Verwirklichung unserer eigenen Ziele weiterbringt.

Die Unterscheidung zwischen den verschiedenen Formen der Freundschaft ist deshalb hilfreich, weil sie verhindert, dass wir bestimmte Freundschaftsformen überstrapazieren oder etwas von anderen erwarten, was diese gar nicht leisten können. Alle drei Formen der Freundschaft haben ihre Berechtigung, denn jede ist für ein gesundes Sozialleben wichtig. Nur sollten wir uns immer bewusst machen, was wir von wem erwarten können, und wir sollten wissen, wem wir bereit sind, uns in welcher Weise anzuvertrauen. Wem dies gelingt, kann selbst mit Menschen, mit denen ihn keine tiefe Beziehung verbindet, schöne Zeiten verbringen und viel Freude haben. Jede Form der Freundschaft kann das Leben auf die eine oder andere Art bereichern. Entscheidend ist, dass wir sie pflegen und uns in jede Form der Freundschaft einbringen.

Vom Sinn der Transzendenz

Während die bislang thematisierten Lebensbedeutungen eher immanenter Natur sind, haben Spiritualität und Religiosität mit Transzendenz zu tun. Wer sich mit etwas Höherem verbunden fühlt, von einer größeren Macht getragen weiß, verfügt über eine wertvolle Sinnressource. Entscheidend hierfür ist jedoch, dass diese Macht positiv konnotiert ist. Wer von der Angst vor einem strafenden Gott und vor ewigen Höllenqualen getrieben ist, erlebt diesen Transzendenzbezug nicht als etwas Hilfreiches für die Gestaltung seines Lebens, sondern als eine schwere Last und Bürde, die jegliche Lebensfreude zerstören kann.

Der positive Transzendenzbezug kann in einer personal erlebten Gottesbeziehung dazu führen, dass ein Mensch sich als gewollt und geliebt erfährt und das Gefühl hat, dass es nicht egal ist, ob er lebt oder nicht lebt, dass es vielleicht so etwas wie eine Bestimmung in seinem Leben gibt. Das Gefühl, in einer Beziehung zu etwas Höherem statt einem mehr oder weniger »leeren« Kosmos gegenüber zu stehen, kann eine wichtige Kraftquelle sein. Wer daran glaubt, dass Gott hinter allem steht, hat vielleicht auch das Gefühl, dass nicht alles, was man getan hat, umsonst gewesen ist, selbst wenn man spätestens mit dem eigenen Tod alles zurücklassen muss.

Durch das Transzendieren einer rein innerweltlichen Dimension wird zudem eine allzu enge Fixierung auf das eigene Ego unterbunden. Dies ist wohl einer der Gründe, weshalb religiöse Menschen sich oft für andere engagieren. Sich nicht nur um sich selbst und die eigenen Belange zu drehen, ist für das Erleben von Sinnhaftigkeit eine wichtige Voraussetzung. Zudem kann der Glaube in Lebenskrisen das Vertrauen stärken, dass es irgendwie weitergeht, selbst wenn kein Ausweg erkennbar ist. Oder dass es einen Sinn hinter allem gibt, selbst wenn dieser nicht erfahrbar oder erkennbar ist. Der religiöse Mensch kann es zudem als Entlastung empfinden, nicht alles im Leben selbst lösen und regeln zu müssen oder zu können. Aber auch das Wissen, dass er im Fall eines Scheiterns, des Schuld-auf-sich-Ladens, letztlich von Gott Vergebung erfährt, gerade, wenn er selbst zu spüren bekommen hat, dass unter Menschen nicht jede Schuld vergeben wird, kann sehr entlastend sein.

Das Schwierige bei der Transzendenz als Sinnquelle ist, dass sie sich nicht so leicht »herstellen« lässt. Wenn wir den klassisch religiösen Bezug als Beziehung des Menschen zu einer höheren Kraft verstehen, die in den monotheistischen Traditionen personal gedacht wird, so werden die Grundlagen dafür meist durch eine religiöse Sozialisation gelegt. Ob man als Erwachsener religiös ist oder nicht, ist nicht primär eine Entscheidung des freien Willens, sondern die Fortsetzung einer Erfahrungsdimension, die man bereits in der Kindheit vermittelt bekam. Natürlich können erwachsene Menschen, die nicht religiös sozialisiert worden sind, einen Zugang zur Religiosität finden, doch das ist eher selten der Fall.

Dort, wo Religiosität positiv erlebt wird, werden verschiedene Dimensionen berührt, die für das Sinnerleben hilfreich sind. Dazu zählt der gemeinschaftsbildende Aspekt. Zudem ist religiöses Leben nicht nur von einer bestimmten Glaubensüberzeugung geprägt, sondern von einem Tun, einer religiösen Praxis. Diese übt man nicht nur allein aus, sondern eben in Gemeinschaft. Riten und Bräuche werden gemeinsam gefeiert. Vielleicht werden Sie jetzt einwenden, dass man dieses Gefühl der Zugehörigkeit in jeder Gemeinschaft erfahren könne. Das stimmt natürlich, aber eines zeichnet religiöse Gemeinschaften in der Regel aus: Aufgrund ihrer langen Tradition sind sie sehr beständig, und da sie sich als Wertegemeinschaften betrachten, erzeugt dies bei ihren Mitgliedern ein zusätzliches Gefühl von Stabilität. Dieser gemeinsame Wertekanon ist nicht nur etwas Verbindendes, sondern kann zudem als entlastend erlebt werden, da man nicht immer selbst neu Orientierung suchen und finden muss.

Wie wichtig die Zugehörigkeit zu einer Gemeinschaft für unsere psychische Gesundheit ist, habe ich oben bereits thematisiert. Im Bereich der Religion kommt aber noch etwas hinzu: Wir können diese Gemeinschaft als sinnerfüllend erleben, weil wir uns als Teil von etwas Größerem fühlen, das nicht an Raum und Zeit gebunden ist. Ich denke, das ist einer der Gründe, weshalb viele Menschen, die unter dem Jahr nicht am kirchlichen Leben und an Gottesdiensten partizipieren, dies an hohen Feiertagen tun. Der oft zu hörende Vorwurf, dass es hier nur um das Bedürfnis nach einer schönen Rahmung eines Familienfestes oder um ein besonderes Event gehe, greift meines Erachtens zu kurz.

Wenn Sie persönlich noch religiöse Riten und Bräuche ausüben und pflegen, können Sie einmal in einer ruhigen Minute darüber nachdenken, was Ihnen diese bedeuten und weshalb Sie dies immer noch tun. Vielleicht gibt es jenseits einer Tradition, der Sie folgen, etwas, das Ihnen Halt, Orientierung oder Kraft bietet. Im umgekehrten Fall könnten Sie sich vergegenwärtigen, aus welchen Gründen Sie dies nicht mehr tun und was Ihnen Ihr Nichttun bedeutet.

Ich möchte an dieser Stelle noch einmal betonen, dass viele Aspekte, die mit einem positiven Religionsbezug verbunden sind, natürlich auch Menschen erfahren können, die nicht religiös sind. Um ein sinnhaftes Leben zu führen, muss man nicht religiös sein, aber eine positiv erfahrene Religiosität ist eine echte Sinnquelle. Wer Religiosität nur mit bestimmten Organisationsformen verbindet oder bestimmte theologische Inhalte für falsch hält und Religion deshalb für überflüssig erklärt, zielt damit an der Erfahrung, die religiöse Menschen machen, vorbei.

Jedoch würden sich nicht alle, die einen positiven Transzendenzbezug haben, gerade heute in westlichen Gesellschaften als religiös beschreiben. In der westlichen Tradition des Christentums geht die Religionsferne meist mit einer Ablehnung kirchlicher Lehrmeinungen einher. Diese Menschen fühlen sich keiner Religionsgemeinschaft mehr verbunden. Sie bezeichnen sich selbst oft als spirituell. Der Begriff der Spiritualität ist jedoch kein klar definierter Begriff. Es gibt viele verschiedene Definitionsmöglichkeiten. Manche bleiben eng mit der religiösen Dimension verbunden, andere beziehen sich eher auf esoterische Praktiken. Ich verstehe unter Spiritualität alles, was dazu beiträgt, dass der Mensch mit einer »tieferen« Dimension des Lebens in Berührung kommt, wobei Tiefe nicht zwangsläufig Gott bedeuten muss. Spiritualität sollte darauf zielen, die Egofixierung zu übersteigen.

Wir können im Leben danach streben, den maximalen Spaßfaktor und die maximale Lust für uns zu erlangen oder wir können in unserem Tun und Handeln immer berücksichtigen, dass wir nicht allein auf der Welt leben. Die letztgenannte Haltung führt dazu, dass wir nicht nur unser Wohl und Wehe im Blick haben, sondern auch das der anderen Menschen. Dadurch überwinden wir die ausschließliche Fixierung auf uns selbst und die Bedürfnisse unseres Egos. Leider leben wir in einer Gesellschaft, die zwar in vielen Sonntagsreden diese Haltung positiv bewertet, realiter aber eher diejenigen belohnt, die sich primär um ihre eigenen Belange kümmern und die die Erfüllung ihrer eigenen Wünsche und Lüste zum Kompass für ihr Leben gewählt haben.

Um einem Missverständnis vorzubeugen: Ich finde es im Rahmen einer gesunden Selbstfürsorge sehr wichtig, dass wir uns um uns und unsere Bedürfnisse kümmern und dass wir Dinge tun, die uns Spaß und Freude bereiten. Doch als alleiniger Handlungsantrieb führt diese hedonistische Haltung nicht zu einer dauerhaften Zufriedenheit, sondern zu einem permanenten Streben nach mehr Reizen, um das Lustzentrum in unserem Hirn zu aktivieren.

Eine spirituelle Dimension muss jedoch nicht zwangsläufig auf eine transzendente Ebene ausgerichtet sein. Die Sehnsucht nach Stille, einem inneren Zur-Ruhe-Kommen, sich wieder zu zentrieren, der Hektik des Alltags etwas entgegenzusetzen, sind ebenfalls Ausdrucksformen einer Spiritualität, die ein säkulareres Gewand trägt. Diese sogenannte säkulare Spiritualität richtet ihr Augenmerk mehr auf die Gestaltung des Lebens im Hier und Jetzt und weniger auf Erlösung, Rückbindung der Seele an Gott, Erwachen oder Erleuchtung, wie es traditionelle Formen der Spiritualität tun. In dieser eher modernen Variante der Spiritualität verbinden sich Formen der Selbsterfahrung, Selbstergründung sowie die Neuausrichtung des eigenen

Lebens nach Krisenerfahrungen mit der spirituellen Dimension.

Das mittlerweile wieder sehr beliebte Pilgern spielt dabei eine wichtige Rolle. Ein nicht unerheblicher Teil der Menschen, der sich für längere Zeit zu Fuß auf den Weg macht, tut dies, um Orientierung und Klärung von Lebensthemen zu erlangen. Die – im Unterschied zum Wandern – formale Einbettung des Pilgerns in einen ganz bestimmten Rahmen, das Nächtigen in Pilgerunterkünften, das Schweigen auf dem Weg, aber auch die positive Wertschätzung von außen, sind hilfreiche Momente für diese innere Prozessarbeit.

Es ist aber nicht nur das Pilgern, das zumindest eine etwas längere Auszeit aus dem Alltag voraussetzt, das Menschen positiv im Kontext des Erlebens von Spiritualität bewerten. Der Aufenthalt in der Natur wird ebenfalls als bereichernd erfahren. Aus neurobiologischer Sicht ist das nachvollziehbar. Unser Gehirn kann in der Natur besser abschalten als im zivilisatorischen Raum der Stadt, in dem es permanent mit Reizen überflutet wird. In der Stadt ist unser Stresshormonspiegel deutlich höher als in der Natur. Gerade die Stille in der Natur, die interessanterweise mit mannigfaltigen Geräuschen verbunden ist, die aber anders als maschinelle Geräusche nicht als Lärm wahrgenommen werden, hilft beim Entspannen, während es krank machen kann, wenn man ständig einer Lärmquelle ausgesetzt ist. Wir sollten also allein, um unserem Körper einen Gefallen zu tun, immer wieder diese Orte der Ruhe aufsuchen.

Dass die Natur mittlerweile leider nicht immer und überall ein Quell der Ruhe ist, hängt damit zusammen, dass immer mehr Menschen in den verdichteten städtischen Ballungsräumen leben und, um ab und an auftanken zu können, meistens in den wenigen möglichen Zeitfenstern wie an den Wochenenden gleichzeitig den Naturraum entdecken oder erobern.

Es gibt aber auch Orte jenseits der Natur, die sich seit jeher der Stille und Spiritualität verschrieben haben und die nur für diesen Zweck errichtet wurden. Diese sakralen Räume sind Plätze der Ruhe, aus denen der Alltag mehr oder weniger ausgeschlossen ist, was das Zur-Ruhe-Kommen erleichtern kann. Viele Menschen, selbst wenn sie nicht religiös gebunden sind, empfinden diese Orte als angenehm und wohltuend, weil dort eine andere Atmosphäre herrscht.

Wenn Sie solche Orte kennen, an denen Sie eine besondere Kraft spüren oder die eine besondere Bedeutung für Sie haben, weil Sie dort zur Ruhe kommen können, dann tun Sie sich selbst einen großen Dienst, wenn Sie diese immer wieder aufsuchen. Gut ist es, wenn Sie solche Ruheinseln, wie ich sie gerne nenne, immer wieder in Ihren Alltag einbauen. Vielleicht überlegen Sie sich, wo es für Sie solche Orte oder Möglichkeiten zum Durchatmen und Loslassen gibt. Je öfter Sie diese in Ihren Alltag integrieren, desto wahrscheinlicher werden Sie die positive Auswirkung dieser spirituellen Dimension erleben.

Warum es sinnvoll ist, zu wissen, wer wir sind und welche Haltungen uns guttun

Das Erleben von Sinn und Bedeutung erwächst aber nicht nur aus prosozialem Handeln und dem Eingebundensein in eine Gemeinschaft oder aus einem Transzendenzbezug. Ein wichtiger Faktor – zumindest in modernen Gesellschaften, die individualistischer geprägt sind – ist die Auseinandersetzung mit sich selbst. Wer sich selbst kennt, kann sein Leben viel bewusster steuern und eigene Akzente setzen.

Wissen zu erwerben, kreativ zu sein, Dinge zu verwirklichen, Herausforderungen zu suchen und sich ihnen zu stellen, all das können wir als bedeutungsvoll erleben. Damit dies gelingen kann, braucht ein Mensch Zeit, Anregungen und Unterstützung. Eine Gesellschaft, die dazu beiträgt, dass sich ihre Mitglieder entwickeln können, tut sich selbst letztlich etwas Gutes. Denn je mehr Menschen ihre Potenziale verwirklichen, aber auch ihre Schwächen und

Defizite einschätzen können, desto besser entwickelt sie sich.

Die Gefahr für eine Gesellschaft, in der es jedoch primär oder nur noch um Selbstverwirklichung geht, ist, dass diese zu einem Egotrip mutieren und dadurch gemeinschaftliche Strukturen zerstören kann. Um das zu verhindern, sollte eine Gesellschaft nicht nur Impulse zur Selbstverwirklichung setzen, sondern die Kultivierung von positiven Haltungen und prosozialen Charaktereigenschaften fördern.

Zwei solcher Haltungen sind Offenherzigkeit bzw. Toleranz und Dankbarkeit, die man unter dem Begriff der Generosität zusammenfassen kann, weil dieser sich eben nicht nur auf ökonomische Dinge bezieht. Diese Haltungen bieten ein gutes Gegengewicht zum Egoismus. Beide bieten zudem ein sinnstiftendes Potenzial, da Menschen, die danach leben, auf vielen verschiedenen Ebenen Bedeutsamkeit erfahren.

Wer bin ich und was macht mich aus?

Die Klärung der Frage, was uns als Personen ausmacht, ist für das Erleben von Sinnhaftigkeit von Bedeutung, denn je besser wir uns kennen, desto besser kennen wir unsere wirklichen Bedürfnisse, Fähigkeiten, Talente, aber auch unsere Schwächen. Dadurch erkennen wir leichter, was für uns persönlich bedeutsam ist. In seiner Schrift »Über die Pflicht« spricht der römische Staatsmann und Philosoph Cicero davon, dass der Mensch von der Natur einige Dinge mitbekommen hat, die letztlich seine Persönlichkeit prägen und ausmachen. Wer diese Anlagen gut nutzen kann, gewinnt an Lebensqualität: »*Also soll jeder seinen individuellen Charakter erkennen und sich als strenger Richter seiner Vorzüge und Fehler erweisen [...]. Wir werden uns also hauptsächlich bei den Tätigkeiten anstrengen, für die wir am geeignetsten sein werden.*«[22]

Dass wir strenge Richter unserer selbst sein sollen, bedeutet nicht, dass wir unerbittlich gegen uns selbst sein sollen, sondern dass wir ernsthaft bereit sind, uns selbst so zu sehen, wie wir sind, und nicht, wie wir gerne wären. Wie wichtig eine realistische Selbsteinschätzung ist, betonte auch Seneca: »*Denn wir neigen meist zur Überschätzung unserer Fähigkeiten. Einer vertraut auf seine Beredsamkeit und kommt dadurch zu Fall, ein anderer mutet seinem väterlichen Vermögen mehr zu, als es leisten kann, wieder ein anderer zwingt seinen schwächlichen Körper zu pflichttreuer Überanstrengung.«*[23]

Senecas Erkenntnis wird heute von verschiedenen psychologischen Studien bestätigt. Wir tendieren tatsächlich dazu, unsere Fähigkeiten eher zu überschätzen. Dieser Modus ist evolutionär betrachtet durchaus vorteilhaft, denn dadurch wagen wir uns an neue Herausforderungen. Er hat aber einen entschiedenen Nachteil. Unsere Selbstüberschätzung verhindert eine realistische Einschätzung von Situationen. Ist die Diskrepanz zwischen unseren vermeintlichen Fähigkeiten und der Realität zu groß, erleiden wir in der Regel Schiffbruch. Wenn danach immer noch keine kritische Selbstreflexion stattfinden kann, werden wir dieselben Fehler ein ums andere Mal wiederholen. Deshalb ist es wichtig, dass wir uns von anderen spiegeln lassen, und zwar nicht nur von jenen, die es gut mit uns meinen, sondern von Menschen, die unser Tun und Verhalten vielleicht etwas kritischer sehen.

Ich finde in Ciceros Ausführungen noch einen weiteren Gedanken sehr wichtig. Er rät seinen Lesern –

es waren vermutlich tatsächlich Leser und keine Leserinnen –, dass sie ihre Lebensenergie nicht auf etwas verschwenden sollen, das nicht ihren Fähigkeiten entspricht. So sehr wir uns durch Selbstüberschätzung in Teufels Küche bringen können, so sehr können wir uns blockieren, wenn wir unsere gesamte Energie in Bereiche investieren, in denen wir schlecht sind. Unserer Zufriedenheit ist es zuträglicher, wenn wir uns und unsere Energie auf unsere Potenziale und Talente fokussieren. Die Pioniere der sogenannten positiven Psychologie, Martin Seligman und Christopher Peterson, raten genau zu diesem Vorgehen.

Leider ist es im Leben nicht so, dass wir immer nur das tun können, worin wir am besten sind. Manchmal werden wir mit Aufgaben und Herausforderungen konfrontiert, die uns gar nicht entsprechen und deren Bearbeitung uns schwerfällt. Sie sind zum Beispiel introvertiert und müssen in einem Meeting vor Ihren Kollegen und Kolleginnen eine Präsentation halten, obwohl Ihnen das Reden vor Publikum schwerfällt. In diesem Fall rät Cicero Folgendes: *»Wenn uns aber einmal eine Notlage zu dem drängt, was nicht unserer Anlage entsprechen wird, muss jede mögliche Sorgfalt aufgewendet werden, jede mögliche Einübung und Aufmerksamkeit, damit wir dieses wenn schon nicht schicklich, aber doch möglichst wenig un-*

schicklich tun können, und wir brauchen uns nicht so sehr anzustrengen, dass wir nach den Vorzügen streben, die uns nicht gegeben sind, als vielmehr, dass wir Fehler vermeiden.«[24]

Neben unseren Talenten und Schwächen spielen unser Charakter und unser Wertesetting ebenfalls eine wichtige Rolle bei der Konstituierung unserer Persönlichkeit. Wenn wir diese Aspekte etwas besser kennenlernen möchten, kann vielleicht eine Methode helfen, die Sven Stillich in einem Beitrag zum Thema »Was macht mich aus« beschrieb. Stillich ist davon überzeugt, dass wir uns durchs Fragenstellen näherkommen können. Gut geeignet sind demnach Fragen, die nach dem »Warum«, »Wann«, »Wo« und »Wer« statt nach dem »Wie« oder »Wie viel« fragen. Seiner Ansicht nach gibt es drei Bereiche, die für die in dieser Hinsicht richtigen Fragen sehr ergiebig sind. Der erste hat mit den Menschen in unserem Leben zu tun, der zweite mit Dingen, die uns wichtig sind, und der dritte mit unseren Erinnerungen. Das Interessante dabei ist, dass viele Antworten, die wir uns selbst geben, wieder zur Grundlage weiterer Fragen werden können. So lernen wir uns nach und nach immer detaillierter kennen.

Stillich hat eine ganze Liste von Fragen, die jeder entsprechend seiner eigenen Bedürfnisse erweitern kann. Um nur einige Beispiele zu nennen: Warum spielen bestimmte Menschen oder Ereignisse in meinem Leben eine wichtige Rolle? Wer inspiriert mich? In der Gesellschaft welcher Menschen fühle ich mich wohl und welche meide ich eher und warum? Bei wem müsste ich mich entschuldigen? Welche Art von Freundschaften pflege ich? Welche Art von Dingen werfe ich nicht weg und wieso bzw. wieso hebe ich gar nichts auf? Wieso habe ich meine Wohnung so eingerichtet, wie sie heute aussieht? Wovon hätte ich gerne mehr oder weniger? Was bereue ich, dass ich getan oder nicht getan habe? Was habe ich erreicht, das ich nie erwartet hätte? Für was, das ich getan oder gelassen habe, schäme ich mich immer noch?

Alle Antworten auf diese und die sich daraus entwickelnden Fragen erzählen etwas über uns. Nicht alles wird mit dem übereinstimmen, wie wir uns selbst sehen oder gerne hätten, dass andere uns sehen. Je mehr wir aber bereit sind, uns fragend mit uns auseinanderzusetzen, desto mehr Facetten unserer Persönlichkeit werden wir kennenlernen. Dabei sehen wir vielleicht, dass sich unsere Haltungen und Überzeugungen im Lauf unseres Lebens geändert haben, dass Dinge, die uns einmal wichtig waren, unbedeutend wurden oder umgekehrt. Wir sehen, dass unsere Persönlichkeit und Identität nicht abgeschlossen und bruchlos sind, sondern eine gewisse Fluidität aufweisen.

Daher halte ich diese Vorstellung, dass es so etwas wie einen unverrückbaren Wesenskern gibt, den wir nur entdecken müssten und dann wüssten wir, wer wir sind, nicht für hilfreich. Wer sich auf die Suche nach seinem »wahren Selbst«, seinem »unveränderlichen Wesenskern« macht, wird wahrscheinlich sein ganzes Leben auf der Suche sein und im schlechtesten Fall einen Teil seines Lebens vor lauter Suche gar nicht wahrnehmen. Dass er damit vermutlich professionellen Unterstützungsguides, die sich auf dieses Thema spezialisiert haben, zu einem Einkommen verhilft, ist ein anderes Thema.

Wir können uns und unsere Präferenzen im Lauf des Lebens verändern. Manche Eigenschaft oder Vorliebe entdecken wir erst, weil wir einer bestimmten Tätigkeit nachgehen, und manche entwickeln wir ganz neu, weil wir mit neuen Aufgaben oder veränderten Lebensumständen konfrontiert werden. All dies sind Gründe, weshalb ich die Suche nach dem wahren Selbst für ein erfülltes Leben nicht für zielführend erachte. Nicht die Kenntnis unseres wahren Selbst lässt uns Dinge als erfüllend erleben, sondern weil wir mit Dingen und Ereignissen in Berührung kommen, die mit Teilen oder Aspekten unserer Persönlichkeit in Resonanz gehen, spüren wir so etwas wie eine Bereicherung oder Erfüllung.

Dass ich nicht daran glaube, dass jeder von uns über einen klar definierten inneren Kern verfügt, bedeutet aber nicht, dass ich nicht davon überzeugt bin, dass wir über einige Charakterprägungen verfügen, die relativ konstant sind. Doch diese Ausprägungen können in ihrer Intensität variieren. In der Psychologie spricht man von den sogenannten »big five«, also fünf Eigenschaften, die global bei allen Menschen anzutreffen, aber unterschiedlich ausgeprägt sind. Das sind: Offenheit für Erfahrungen, Gewissenhaftigkeit, Extraversion, Verträglichkeit und Neurotizismus. Unter Extraversion versteht man, wie gesellig, aktiv, abenteuerlustig, weltzugewandt ein Mensch ist. Verträglichkeit steht für verschiedene Haltungen wie Rücksichtnahme, Hilfsbereitschaft, Einfühlungsvermögen, Kooperationsbereitschaft, und Neurotizismus beschreibt, wie psychisch stabil, ängstlich, sicher, stressresilient, verletzlich oder zufrieden jemand ist.

Wie ausgeprägt diese Eigenschaften sind, können wir jedoch zu einem gewissen Grad steuern, zum Beispiel, indem wir uns unsere Prägungen bewusst machen und daran arbeiten. Vielleicht sind Sie ein eher introvertierter Mensch, der schnell nervös wird, wenn er im Mittelpunkt steht. Sie können im Lauf Ihres Lebens aber Methoden erlernen und entwickeln, dass es Ihnen nicht mehr so viel ausmacht, wenn Sie für eine bestimmte Zeit die Aufmerksamkeit auf sich ziehen, das heißt Ihr Neurotizismuswert verändert sich. Genauso können wir lernen, kooperativer oder rücksichtsvoller zu werden. Daraus können sich weitere Veränderungen ergeben, die sich wechselseitig beeinflussen.

Es gibt allerdings auch Prägungen unserer Persönlichkeit, die uns gar nicht so bewusst sind, weil sie auf übernommenen unbewussten Glaubenssätzen unserer Herkunftsfamilien basieren. Manche dieser Glaubenssätze können wir entdecken, wenn wir überlegen, was wir oft von unseren Eltern gehört haben oder wie sie sich verhalten haben. War zum Beispiel Wertschätzung an Leistung gekoppelt? Oder haben die Eltern getan, was alle anderen taten, um nicht aus der Reihe zu tanzen? Oder hatte die gemeinsam verbrachte Zeit einen hohen Stellenwert? Es rentiert sich, diesbezüglich die eigene Familiengeschichte ein bisschen abzuklopfen.

Es müssen aber gar nicht immer die unbewussten Prägungen sein, denen wir erst durch ein gründlicheres Nachforschen auf die Schliche kommen. Manchmal tun wir einfach Dinge, die sozial erwünscht sind, weil wir unangenehme Auseinandersetzungen vermeiden wollen oder weil wir uns anderen verpflichtet fühlen. Wenn das über einen längeren Zeitraum geht, führt all dies dazu, dass wir irgendwann nicht mehr so recht wissen, was wir selbst wollen und wer wir sind, weil wir uns selbst nur noch durch die Brille von anderen Menschen sehen. Dieses Gefühl, nicht mehr das eigene Leben zu leben, sondern das der anderen, kann sich negativ auf das psychische Wohlbefinden auswirken. Je mehr wir jedoch das Gefühl haben, wir selbst sein zu können, desto sinnhafter empfinden wir unser Leben.

Ein Aspekt scheint mir in diesem Kontext noch wichtig: Es gibt bestimmte Persönlichkeitstypen, die es mit dem Sinnerleben leichter haben: Prosoziale, eher optimistische Menschen empfinden ihr Leben tendenziell eher als bedeutungsvoll. Vielleicht fällt es ihnen leichter, bestimmte Haltungen aus einer intrinsischen Motivation heraus zu leben, die allgemein der Lebensqualität zuträglich sind: Großzügigkeit und Dankbarkeit. Das Gute an der menschlichen Natur ist, dass sie nicht statisch, sondern veränderbar ist. Daher kann man sich ganz bewusst in Haltungen einüben, die für andere scheinbar selbstverständlich sind. Wenn es Haltungen sind, die uns eine höhere Lebensqualität verschaffen, lohnt sich meines Erachtens der Aufwand.

Mut zur Generosität

Großzügige Menschen geben freiwillig und freudig einem anderen etwas Wertiges, das dieser nicht erwartet hat. Obwohl die allermeisten Menschen Großzügigkeit schätzen, wird jedoch in unserer Gesellschaft eher eine gegenteilige Haltung belohnt. Wer rafft und alles mitnimmt, was möglich ist, gilt als clever. Ob es sich dabei um Rabattschlachten im Einzelhandel, um halblegale Steuertricks, um Schwarzarbeit oder Sozialleistungsbetrug handelt, ob in Privathaushalten oder Firmen und quer durch alle Schichten – hier zeigt sich eine Haltung, für die das Nehmen seliger ist als das Geben. Dabei zeigen Studien, dass Menschen, die bereit sind zu geben, deutlich zufriedener sind als diejenigen, die glauben, sie wären immer anspruchsberechtigt.

Mit etwa fünfzehn Monaten entwickeln Kinder langsam einen Sinn für Fairness und prosoziales Verhalten. Je mehr dieses Verhalten in der Entwicklung des Kindes durch die Familie, das direkte Umfeld in der Kita, im Kindergarten, in der Schule und letztlich in der Gesellschaft gefördert und eingefordert wird, desto mehr zeigen Kinder es. Entscheidend ist, dass prosoziales Tun vorgelebt wird. Reden über Werte und Haltungen, die nicht gelebt werden, ist relativ nutzlos.

Wer als Kind hingegen prosoziales Verhalten gelernt hat, wird es ziemlich sicher als Erwachsener an den Tag legen. Allerdings verändern selbst kooperative Menschen ihr Verhalten, wenn sie das Gefühl haben, dass die anderen nur auf ihren eigenen Vorteil bedacht sind. Wir geben bereitwillig, solange wir das Gefühl haben, dass die Regeln der Fairness nicht massiv verletzt werden. Manchmal kann bereits ein Einzelner mit seinem antisozialen Verhalten genau das tun und dadurch eine Lawine des Egoismus auslösen.

Eine besondere Form des prosozialen Verhaltens ist die Großzügigkeit oder Freigiebigkeit. Sie zählte bereits für Aristoteles zu den wichtigen Charaktertugenden. Für ihn manifestiert sie sich im Verhalten dem eigenen Besitz gegenüber. Ganz nebenbei: Eine Tugend ist das, was wir heute als Haltung bezeichnen. Bei allen sittlichen Tugenden kann es nach Aristoteles Überzeugung ein Zuviel, ein Zuwenig oder eben das rechte Maß geben. Freigiebigkeit ist für ihn die rechte Mitte zwischen Geiz und Verschwendungssucht. Der großzügige Mensch hat dabei seine eigenen Finanzen im Griff, weil er nur so dauerhaft freigiebig sein kann. Großzügig ist derjenige, der von seinem Geld gerne etwas abgibt.

Aristoteles betont hier zwei Aspekte, die zur Freigiebigkeit unverzichtbar dazu gehören. Wer großzügig ist, tut »*das gern und ohne Unlust*«.[25] Wer aus Berechnung oder Zwang etwas abgibt, ist nicht freigiebig, genauso wenig wie ein Mensch, der eigentlich nur Dinge, die er selbst loswerden möchte, hergibt. Wer also seinen Keller, Dachstuhl oder was auch immer entrümpelt, mag vielleicht einen anderen mit seinen Dingen erfreuen, er ist aber nicht großzügig, wenn dabei seine Intention dem Leerräumen gilt.

In der Beziehung mit einem großzügigen Menschen fühlen wir uns wohl, weil diese Haltung oft mit einer generellen charakterlichen Offenherzigkeit verbunden ist. Großzügige Menschen sind selten missgünstig, anders als Geizhälse oder Raffgierige. Wer nichts abgeben kann oder alles rafft, was in seine Reichweite gerät, um seinen eigenen Reibach zu machen, hat ein Problem damit, anderen etwas zu gönnen, denn das, was der andere hat, ist meist das Objekt der eigenen Begierde. Der Großzügige gibt von dem, was er hat und was ihm selbst etwas bedeutet, weil es ihm Freude macht, andere zu beschenken. Geben macht bekanntermaßen seliger als nehmen. Wer diese Haltung in seinem Leben kultiviert, ist zufriedener und erfüllter. Dieses Gefühl der Erfüllung ist ein wichtiger Baustein, wenn es um das Erleben von Sinnhaftigkeit geht.

Freigiebigkeit hat aber noch einen weiteren schönen Effekt: Menschen, die freigiebig sind, werden geschätzt und gemocht. Aristoteles meint: *»Liebe aber und Freundschaft gewinnt kaum einer durch eine Tugend so sehr wie der Freigiebige.«*[26]

Das Besondere daran ist, dass die freigiebige Gabe ein Geschenk ist, das keine Gegengabe verlangt. Dass sich der Geber freut, wenn sich der Beschenkte darüber freut und sich vielleicht bedankt, ist etwas völlig anderes, als wenn jemand etwas Konkretes als Gegengabe erwartet. Es ist ein oft gehörter Vorwurf, dass Altruismus nur eine Form des Egoismus sei, weil der Altruist sich dabei gut fühlt. Dieser Vorwurf sagt meines Erachtens mehr über das Menschenbild derer aus, die ihn erheben, als über den, der freigiebig oder altruistisch handelt. Matthieu Ricard, ein französischer Buddhist und Molekularbiologe, entgegnete auf diesen Vorwurf sinngemäß: Nur weil ein Mensch Freude über sein Tun empfindet, bei dem er anderen Freude bereitet oder mit dem er ihnen hilft, wird die Tat durch diese Freude nicht egoistisch. Die Motivation entscheidet demnach über egoistisches oder altruistisches Verhalten. Wer etwas nur tut, um sich besser zu fühlen, handelt egoistisch, wem es hingegen um das Wohl des anderen geht, altruistisch. Ich finde, Ricard trifft genau den entscheidenden Punkt.

Wenn jemand hingegen etwas verschenkt und auf einen Gegenwert spekuliert, ist das berechnend. Wo ein Geschenk oder eine Gabe den Beschenkten zu einer adäquaten »Antwort« zwingt, entsteht ein Schuldverhältnis, da sich der Beschenkte in irgendeiner Weise revanchieren muss. Etwas anders verhält es sich, wenn die Person sich in einer bestimmten kulturellen Tradition bewegt, in der der Gabentausch klar geregelt ist. Dort dient dieser in der Regel dazu, den Zusammenhalt der Gemeinschaft zu stärken. Beide Seiten sind durch das Schenken miteinander verbunden.

Großzügigkeit beinhaltet aber noch eine weitere Dimension, die nicht primär mit dem materiellen Geben zu tun hat, sondern mit einer geistigen Weite. In diesem Kontext sprechen wir von Großmut. Großmütigkeit ist eine Form der Großzügigkeit hinsichtlich menschlicher Fehler und Schwächen. Sie macht das Leben aller etwas entspannter. Wer großzügig über die Fehler und Schwächen seiner Mitmenschen hinwegsehen kann, erleichtert nicht nur diesen das Leben, sondern tut sich selbst und seinem

Seelenfrieden einen großen Gefallen. Von dem christlichen Wüstenvater Makarios dem Großen, der im vierten Jahrhundert n. Chr. in Ägypten lebte, wird berichtet, dass er die Gabe hatte, den Mantel der Barmherzigkeit über die Unzulänglichkeiten anderer Menschen zu breiten und deren Fehler freundlich zu ignorieren: »*Denn wie Gott die Welt schützend deckt, so bedeckte Altvater Makarios die Schwächen, die er sah, als sähe er sie nicht, und was er hörte, als hörte er es nicht.*«[27]

Wir können nur spekulieren, was dazu führte, dass Makarios diese Haltung der Großzügigkeit in seinem Leben entwickeln konnte. Aus Erzählungen über ihn wissen wir, dass er, als er Wüstenvater wurde, bereit war, sich selbst und sein Verhalten immer wieder zu reflektieren.

Auch von anderen Wüstenvätern wird berichtet, dass sie, wenn sie mit den Fehlern ihrer Mitmenschen konfrontiert oder darauf hingewiesen wurden, den Blick erst einmal auf ihr eigenes Leben wendeten. Sie echauffierten sich nicht über ihre Zeitgenossen, sondern nahmen deren Fehler zum Anlass, das eigene Verhalten zu überprüfen. Bei dieser Analyse kamen sie oftmals zu dem Ergebnis, dass die Fehler, die anderen zum Vorwurf gemacht wurden, bei ihnen selbst anzutreffen waren. Aus diesem Grund weigerten sie sich, den anderen zu verurteilen. Sie fühlten sich dem jesuanischen Gebot »urteilt nicht, damit ihr nicht verurteilt werdet«, verpflichtet.

Wer sich selbst kritisch, aber auch mit einer wertschätzenden Haltung anschauen kann, wird erkennen, dass er diverse Defizite, Schwächen und Fehler hat. Bei manchen davon ist es hilfreich zu lernen, wie man sie überwinden kann. Doch dies gelingt uns nicht bei allen – und das ist auch nicht notwendig. Hier hilft eine liebevolle und wertschätzende Haltung sich selbst gegenüber, um sich mit seinen Unzulänglichkeiten annehmen zu können. Menschen, denen dies gelingt, sind in der Regel recht großzügig, wenn es um die kleinen Fehler und Eigenheiten anderer Menschen geht. Sie wissen zum einen, dass es nicht immer möglich ist, sich von bestimmten Marotten zu trennen, sie wissen aber auch, dass das Leben durch deren Existenz keinen besonderen Schaden nimmt. Aus diesem Grund können sie andere Menschen so sein lassen, wie diese sind.

Diese Art der Großzügigkeit ist für den Menschen, dem sie gilt, ein wahres Geschenk, weil er sich nicht permanent infrage gestellt sieht oder kritisiert fühlt. Sie ist darüber hinaus ein Geschenk für den

Schenkenden selbst, weil er sich energetisch nicht in etwas verstrickt, was verhältnismäßig bedeutungslos ist.

Der griechische Historiker und Philosoph Plutarch hatte diesbezüglich einen guten Rat: Das Beste sei es, die Menschen zu nehmen, wie sie sind, und sich nicht über deren Unzulänglichkeiten aufzuregen. Nur Unverständige lassen sich von den negativen Verhaltensweisen ihrer Umwelt betrüben. Plutarch hatte erkannt, dass die Klagen über die Mitmenschen nicht immer der, wie er es nennt, »Abscheu über das Böse« entspringen, sondern oftmals unserer gekränkten Eigenliebe. Wir neigen dazu, die anderen für etwas Unangenehmes, das uns widerfahren ist, verantwortlich zu machen, ohne dass dies immer mit deren Fehlverhalten zu tun haben muss. Plutarch rät hier zu Gelassenheit und Milde im Umgang mit anderen Menschen.

Unbestritten gibt es Menschen, deren Verhalten intolerabel ist, weil sie zum Beispiel rücksichtslos, aggressiv, gewalttätig, hasserfüllt, destruktiv sind und ein gemeinsames Miteinander unmöglich machen bzw. vorsätzlich stören. In einem solchen Fall kann das offensichtlich antisoziale Verhalten nicht mehr toleriert, sondern muss negativ sanktioniert werden. Dies ist der Grund, weshalb Seneca fordert, die

Tugend der Milde anderen gegenüber dürfe »*nichts Wohlfeiles und Gewöhnliches sein […]. Allen verzeihen, ist genauso grausam, wie keinem verzeihen. Auf das rechte Maß kommt es an.*«[28]

Doch jenseits dieses Verhaltens, das gesellschaftlich nicht toleriert werden kann, gibt es vieles, was wir unter der Rubrik »Menschliches allzu Menschliches« subsumieren können und wo ein wenig mehr Großzügigkeit gegenüber den kleinen Fehlern und Eigenheiten der anderen für alle Beteiligten letztendlich ein Gewinn ist.

Dankbarkeit macht Herzen weit

»*Dankbarkeit ist die Verehrung einer Person wegen einer uns erwiesenen Wohltat. Das Gefühl, was mit dieser Beurteilung verbunden ist, ist das der Achtung gegen den […] Wohltäter […].*«[29] Was in den Worten Immanuel Kants vielleicht ein wenig steif klingt, beschreibt ein wesentliches Prinzip, das mit dem Gefühl von Dankbarkeit verbunden ist. Dankbarkeit stellt sich meistens dann ein, wenn uns etwas Gutes widerfährt, zu dem wir nichts beigetragen und mit dem wir nicht gerechnet haben und worüber wir einfach dankbar sind. Wenn uns ein anderer Mensch etwas Gutes getan hat, fühlen wir uns diesem verbunden. Dieses Gefühl einer tiefen Verbundenheit ist Dankbarkeit. Cicero spricht sogar davon, dass es »*keine wichtigere Verpflichtung im Leben [gibt], als Dankbarkeit zu zeigen*«.[30] Damit wir dankbar sein können, ist eine Voraussetzung unabdingbar: Unser Gegenüber muss das, was er tut, freiwillig und gerne tun.

Cicero verweist darauf, dass wir die Einstellung und den Eifer des Wohltäters immer mit im Blick haben, wenn es darum geht, ob wir uns dankbar zeigen oder nicht. Wenn wir wissen, dass wir etwas nur bekommen, sei es materieller oder ideeller Art, weil unser Gegenüber so handeln muss, stellt sich kaum ein Gefühl von Dankbarkeit ein. Aber Dankbarkeit ist weit mehr als nur eine Reaktion auf eine erfahrene Wohltat. Sie ist eine Haltung, die sich daraus speist, dass wir nicht alles im Leben für selbstverständlich erachten.

Nicht allen Menschen fällt es gleichermaßen leicht, Dankbarkeit zu empfinden. Dies hängt zum einen mit unserer Persönlichkeitsstruktur zusammen. Wer sehr auf äußere Werte fokussiert ist, wer eher neidisch, missgünstig und davon überzeugt ist, im Leben stets zu kurz zu kommen, oder eine negative Weltsicht hat und von der Minderwertigkeit der anderen überzeugt ist, wird vermutlich größere Probleme haben, Dankbarkeit zu empfinden, als ein Mensch, der diese Haltungen nicht teilt. Es gibt aber auch gesellschaftliche Überzeugungen, die es Menschen leichter oder schwerer machen, das Gefühl von Dankbarkeit zu entwickeln. Wenn in einer Gesellschaft, in der Unabhängigkeit ein hoher Wert ist, die Überzeugung vorherrscht, Dankbarkeit zu zeigen impliziere, von anderen abhängig zu sein oder gar in deren Schuld zu stehen, werden Individuen vermutlich seltener Dankbarkeit zeigen, weil sie nicht als schwach oder abhängig erscheinen möchten. Auch wenn es Faktoren gibt, die die Entwicklung von Dankbarkeit eher behindern, kann man lernen, dankbar zu sein, denn das, was das Erleben von Dankbarkeit ermöglicht, ist Teil unserer evolutionären Grundausstattung. Es gründet in dem Gefühl, dass es gut oder nützlich ist, eine erfahrene Großzügigkeit in irgendeiner Weise zurückzugeben. Wie gesagt: Das ist die evolutionäre Basis, Dankbarkeit selbst hat nichts mit dem Gefühl zu tun, eine Schuld begleichen zu müssen. Anders als Dankbarkeit, erzeugt das nämlich kein gutes Gefühl, da wir uns von unseren Gläubigern abhängig fühlen. Dankbarkeit hingegen schafft eine Verbundenheit, sei es in Partnerschaften oder Freundschaften. Dies ist wohl der Grund, weshalb dankbare Menschen bessere soziale Beziehungen führen. Allerdings neigen wir in Partnerschaften eher dazu, vieles für selbstverständlich zu erachten, wofür wir uns anderen Menschen gegenüber dankbar zeigen würden: erwiesene Gefälligkeiten, Freundlichkeiten, Entgegenkommen und so weiter. Es spricht daher nichts dagegen, dass wir uns bei unserem Partner, der Partnerin immer wieder für Dinge bedanken, die sie für uns tun und von denen wir wissen, dass sie uns zuliebe getan werden.

Für den Fall, dass Sie das Gefühl haben, es gäbe in Ihrem Leben nichts oder nur sehr wenig, wofür Sie dankbar sein können, gibt es am Ende des Kapitels eine kleine Inspiration, die Ihnen beim Nachdenken darüber weiterhelfen kann. Wenn Sie glauben, dankbare Menschen hätten einfach mehr Grund zum Danken, weil ihnen mehr widerfährt, für das sie dankbar sein können, irren Sie sich. Dankbare Menschen sind einfach aufmerksamer als andere. Sie nehmen die kleinen Dinge im Leben, über die andere hinweggehen, besser wahr und halten diese für bedeutsam. Wer dankbarer werden möchte, tut gut daran, seinen Fokus ab und an auf die kleinen Dinge zu richten, die unsere Leben bereichern. Wenn ein anderer Mensch Ihnen einen kleinen Gefallen tut, können Sie das für selbstverständlich halten oder es als schöne Geste wahrnehmen und sich darüber freuen. Dankbare Menschen glauben zudem nicht, dass alles, was in ihrem Leben gelungen ist, ausschließlich ihrem Talent, ihrer harten Arbeit, ihrer Anstrengung und so weiter geschuldet ist und dass es ihnen deshalb selbstverständlich zustünde. Natürlich ist es eine wichtige und positive Fähigkeit, sich das Gelingen von Dingen zuschreiben zu können. Wer prinzipiell davon überzeugt ist, dass alles, was in seinem Leben gelungen ist, reiner Zufall ist, leidet nicht nur unter einem schlechten Selbstwert, sondern dessen Lebensqualität ist dadurch erheblich beeinträchtigt.

Es ist jedoch ein Unterschied, ob wir an unsere Selbstwirksamkeit glauben und uns dennoch bewusst sind, dass vieles im Leben, für das wir uns angestrengt oder für das wir gekämpft haben, nicht nur unserer eigenen Anstrengung geschuldet ist oder ob wir diese nicht beeinflussbaren und zufälligen Ereignisse völlig ignorieren und uns alles auf die eigenen Fahnen schreiben. Hinter dieser Haltung steht ein übersteigertes Selbstbewusstsein, wie es oftmals bei Narzissten anzutreffen ist. Diese sind von ihrer eigenen Großartigkeit überzeugt. Interessanterweise ist diese Haltung bei Narzissten jedoch mit einem schwachen Selbstwertgefühl gekoppelt, was ihnen aber nicht bewusst ist.

Es gibt viele Dinge im Leben, die wir uns nicht ausgesucht haben und die uns und unseren Lebensweg dennoch wesentlich prägen: In welchem Land und in welcher Zeit wir aufwachsen oder in welche Familie wir hineingeboren werden, all das beeinflusst unser Tun. Selbst unsere Berufswahl oder die Freundschaften, die wir pflegen, sind von Faktoren bestimmt, die wir nicht immer aktiv gewählt haben. So werden wir zum Beispiel in ein bestimmtes soziales Milieu hineingeboren, das einen gewissen Einfluss darauf hat, wie wir unser Leben gestalten. Wir haben zwar innerhalb dieser Parameter eine freie Wahl, aber die Parameter selbst sind zunächst gegeben. Manchmal haben wir Glück, dass wir in der Schule oder im Berufsleben an jemanden geraten, der uns fördert. Oder dass wir einen Beruf ergriffen haben, der durch äußere Umstände auf einmal extrem gefragt ist oder im weniger erfreulichen Fall auf einmal überflüssig geworden ist. Manchmal erhalten wir aus Zufall eine Information, die sich als hilfreich für unseren weiteren Lebensweg erweist – oder eben nicht. All dies sind Faktoren, für die wir zunächst wenig können. Was wir wiederum beeinflussen können, ist, ob wir die daraus erwachsenen Chancen ergreifen oder nicht.

Gerade sehr erfolgreiche Menschen neigen aber dazu, ihren Einfluss auf ihren Erfolg zu überschätzen. Sie führen ihn primär auf ihre Genialität, Cleverness, Anstrengung und ihr Engagement zurück. Dabei sind es oft Faktoren im Hintergrund, die nicht unserer Steuerung unterliegen, die über Erfolg und Misserfolg mitentscheiden. Viele gute Ideen sind schon gescheitert, weil sie zur falschen Zeit am falschen Ort entstanden sind. Je öfter wir uns also bewusst machen, dass vieles im Leben auf nicht von uns selbst bewirkten Umständen basiert und dass wir im Leben durch diese immer wieder beschenkt werden, desto wahrscheinlicher stellt sich ein Gefühl von Dankbarkeit ein. Manchmal werden wir ganz konkret von anderen Menschen beschenkt, weil diese uns eine Freude machen möchten. Wer aus Sorge um seine Unabhängigkeit oder weil es ihm schwerfällt, etwas anzunehmen, dies nicht zulassen kann, bringt sich selbst um das schöne Gefühl, für eine erwiesene Großzügigkeit dankbar sein zu können. Diese Form des Sich-beschenken-Lassens hat nichts damit zu tun, sich von anderen aushalten oder sich gar kaufen zu lassen. Die beiden letztgenannten Haltungen speisen sich aus Egoismus, der nur für sich den Vorteil sucht. Sich vom Leben und von anderen Menschen beschenken zu lassen, gründet in einer Haltung der Dankbarkeit und Offenheit.

Wenn Sie eine kleine Anregung suchen, wofür man im Leben dankbar sein kann, dann empfehle ich Ihnen das erste Buch von Mark Aurels Selbstbetrachtungen zu lesen. Dort heißt es im 7. Kapitel: »*Von Rusticus stammt bei mir die Überzeugung, ich müsse an meiner Besserung und Charakterbildung arbeiten, dagegen die Abwege leidenschaftlicher Sophisten vermeiden, dürfte auch nicht über leere Theorien schriftstellern, noch mit der Miene eines Sittenpredigers Reden vortragen, noch in augenfälliger Weise den Büßer oder Menschenfreund spielen. Desgleichen sollte ich mich von rhetorischem und politischem Wortgepränge und sonstiger Schönrednerei fernhalten, auch zu Hause nicht im Staatseide einherschreiten, noch anderes derart treiben. Von ihm lernte ich auch […] meinen Widersachern und Beleidigern bereitwillig und versöhnlich entgegenkommen, sobald sie selbst geneigt wären, wieder einzulenken, Schriften aufmerksam lesen, mich nie mit oberflächlicher Betrachtung zufriedengeben und Schwätzern nicht vorschnell beipflichten […].*«

Wir können also selbst für Menschen dankbar sein, die uns ermahnen oder uns aus unserer Komfortzone herausholen. Wir können sogar im Nachhinein für unangenehme Erfahrungen dankbar sein, wenn diese dazu beigetragen haben, dass sich etwas zum Besseren verändert hat. Allerdings sind wir niemandem Dank schuldig, wenn jemand uns aus einer negativen Motivation heraus etwas getan hat, das sich letztlich für uns zum Guten wendet. Wir können für die gute Wendung dankbar sein, aber nicht für den Verursacher, weil er eine andere Intention verfolgte. Wenn ein Kollege oder eine Kollegin über Sie ein Gerücht verbreitet, weshalb Sie Ihren Arbeitsplatz wechseln müssen, und Ihr alter Arbeitgeber kurz darauf in Konkurs geht, können Sie der Situation gegenüber dankbar sein, nicht aber den Initiatoren des schädigenden Gerüchtes.

Dankbarkeit ist jedoch nicht nur etwas, was die subjektive Lebensqualität für denjenigen, der sie empfindet, verbessert. Dankbarkeit ist ein Art Kitt, der das gesellschaftliche Miteinander zusammenhält. Stellen Sie sich eine Gesellschaft vor, in der niemand im Alltag Dankbarkeit zeigen würde. All die kleinen Gefälligkeiten, die unser Leben nicht nur bereichern, sondern am Laufen halten, würden über kurz oder lang verschwinden, wenn niemand mehr dankbar wäre. Immanuel Kant sprach davon, dass »*deren Verletzung die moralische Triebfeder zum Wohltun in dem Grundsatze selbst vernichten kann*«.[31] Ein freundlicher Gruß, eine aufgehaltene Tür, eine winzige Reparatur, für die der Ausführende kein Geld verlangt – all dies funktioniert, weil sich die so Beschenkten in der Regel dafür dankbar zeigen. Dankbarkeit ist der »Lohn« der Wohltat, die aber nicht getan wird, weil man sich vom Empfänger eine Gegenleistung erwartet, sondern weil man einem anderen gerne einen Dienst oder eine Freundlichkeit erwiesen hat. Allerdings erlahmt diese Bereitschaft, etwas für andere zu tun, wenn der Betreffende das Gefühl hat, sein Tun wird prinzipiell für selbstverständlich erachtet. In einem solchen Fall entsteht in uns das Gefühl, ausgenutzt zu werden. Weil das kein angenehmer Zustand ist, stellen wir das Verhalten zum Schaden aller ein, denn dadurch wird das gesellschaftliche Miteinander kälter und unfreundlicher.

Wenn Sie Ihr eigenes »Dankbarkeitslevel« etwas steigern möchten, kann es hilfreich sein, ein Tagebuch zu führen, in das Sie am Abend drei Dinge schreiben, für die Sie an diesem Tag dankbar gewesen sind. Sie können natürlich auch ganz klein mit einer einzigen Sache beginnen.

Warum es sinnvoll ist, Freundschaft mit der Welt zu schließen

Für die bibelfesten Leser und Leserinnen wird die Aufforderung, Freundschaft mit der Welt zu schließen, wahrscheinlich keine allzu positive Assoziation hervorrufen, denn im Jakobusbrief (4,1–4) steht diese in direkter Verbindung mit der Feindschaft Gott gegenüber. Wer der Welt Freund sein will, der wird Gottes Feind sein. Ich möchte an dieser Stelle nicht näher auf dieses aus meiner Perspektive doch recht simplifizierende Schwarz-Weiß-Denken des Jakobusbriefes eingehen, sondern den Gedanken einer Freundschaft mit der Welt etwas vertiefen.

Freundschaft mit Welt zu schließen, bedeutet in dem von mir implizierten Kontext, sich auf das Leben mit all seinen Facetten einzulassen, das Leben aktiv zu gestalten und es zu genießen. Je ausgeprägter die eigene Angst vor dem Leben ist, desto weniger gelingt es, Freundschaft mit der Welt zu pflegen. Einen positiven Bezug zum Leben und zur Welt zu haben, unterstützt das Erleben von Sinnhaftigkeit.

Aus diesem Grund sollen im Folgenden einige Aspekte zur Sprache kommen, von denen ich glaube, dass sie uns helfen, das Leben in seiner Fülle und Tiefe besser erfahren zu können.

Die hohe Kunst der Ablenkung

Ein Loblied auf die Ablenkung zu singen, ist in unseren Zeiten ein riskantes Unterfangen. So mancher Gesellschaftskritiker bescheinigt uns ja, dass wir uns zu Tode amüsieren würden und dass wir vor lauter Ablenkungen die wichtigen gesellschaftlichen Aufgaben nicht mehr sehen, die wir dringend angehen müssten. Zudem wird dem Westen und seinen Gesellschaften häufig vorgeworfen, oberflächlich und hedonistisch zu sein, weil sich das Leben primär um Ablenkungen drehen würde. Dazu kommt, dass Sinnhaftigkeit zumindest gefühlt am anderen Ende der Skala steht, auf der wir die Ablenkung positionieren. Sinn hat mit Tiefe zu tun, Ablenkung mit Oberfläche.

Es ist unbestritten, dass der Konsum in unseren Breiten eine wichtige Rolle spielt und dass sich eine milliardenschwere Industrie rund um das Thema Freizeit und die Bespaßung von Menschen entwickelt hat. Dennoch bin ich davon überzeugt, dass die Fähigkeit, sich gut ablenken zu können, eine wichtige Voraussetzung für Zufriedenheit ist. Das meint nicht, sich sinnlos bespaßen zu lassen, sondern Strategien zu kennen, immer wieder an die heitere Seite des Lebens anknüpfen zu können, selbst wenn dies nur für eine kurze Zeit gelingt. In Krisenzeiten kann diese Fähigkeit sehr hilfreich sein, da sie in belastendenden Situationen kleine Ruhepausen ermöglicht. Der große englische Mathematiker und Humanist Bertrand Russell hat für die Fähigkeit, sich auf gute Weise ablenken zu können, die schöne Umschreibung *»freundschaftliche Anteilnahme an Dingen«*[32] geprägt. Das bedeutet, sich für die unterschiedlichsten Dinge, die das Leben für uns bereithält, zu begeistern. Russell bezeichnet diese Kunst als Daseinsfreudigkeit. Ich finde, das ist nicht nur ein schöner Begriff, sondern er beschreibt auch sehr gut, worum es im Kern geht: die Bereitschaft, sich auf das Leben in dieser Welt ganz bewusst einzulassen und es genießen zu können.

Dieses Sich-auf-etwas-einlassen-Können verhindert darüber hinaus eine Eindimensionalität in unserem Leben. Menschen, die sich in ihrem Leben nur über eine Sache – sei es die Arbeit oder die Familie – definieren und sich für nichts anderes interessieren, sind in der Regel für andere eher langweilig. Inspirierende Menschen, deren Gesellschaft wir suchen, sind häufig neben ihrem Talent, auf andere eingehen zu können, sehr vielseitig interessiert. Sie steuern aus den unterschiedlichsten Lebensbereichen Bewegendes, Nachdenkenswertes, Interessantes, aber auch Lustiges bei, weil sie sich gerne mit den vielen Facetten des Lebens beschäftigen. Wer Hobbys pflegt, ist zum Beispiel selten mit dem Thema Langeweile konfrontiert, weil er sich mit Dingen beschäftigen kann, die die eigene Aufmerksamkeit positiv in Beschlag nehmen. Es ist aber nicht nur die Langeweile, die wir durch eine freundschaftliche Anteilnahme an den Dingen der Welt bannen können. Wer nichts anderes als seine Arbeit kennt oder nur in der Familie aufgeht, verengt nicht nur seinen Blickwinkel, sondern wird von Problemen, die in diesem Bereich auftreten, in übermäßiger Weise erschüttert. Es gibt keinen Ausweichpunkt jenseits dieses einen Bereiches, auf den die gesamte Lebensenergie fokussiert ist.

Bertrand Russell war überzeugt, dass Menschen, die sich gut mit etwas beschäftigen können, in Krisenzeiten etwas haben, was ihnen Halt gibt: »*Wer seine persönlichen Kümmernisse über irgendeinem echten Interesse an der Außenwelt vergessen kann, sei es die Geschichte des Konzils von Trient oder nächtliche Sternenhimmel, der wird, von seiner Abschweifung ins Un-*

persönliche zurückgekehrt, durch ein neues Gleichgewicht und eine neue Gelassenheit auf die denkbar beste Weise gegen seine Sorgen angehen können.«[33]

Sich gut ablenken zu können, hilft, sich nicht in negativen Gedankenkonstrukten zu verfangen und ermöglicht kleine Atempausen in belastenden Lebenssituationen. – Sich mit Alkohol oder Drogen das Bewusstsein zu vernebeln, war für Bertrand Russell, ganz nebenbei bemerkt, keine gelungene Form der Ablenkung. – Das Problem mit negativen Gedanken besteht darin, dass sie eine Eigendynamik entwickeln können. Wir verheddern uns in einer nicht enden wollenden Gedankenspirale, die wie ein Perpetuum Mobile immer weiter kreist, ohne uns einer Lösung näher zu bringen. Es erfordert eine große und bewusste Anstrengung, ein solches Gedankenkarussell wieder zu verlassen. Wer in solchen Situationen über gute Ablenkungsstrategien verfügt, hat die Chance, sich gar nicht in diesen Strudel hineinziehen zu lassen. Um kein Missverständnis entstehen zu lassen: Sich mit einem Problem auseinanderzusetzen, ist etwas völlig anderes, als sich in negative Gedanken zu verstricken. Bei der Auseinandersetzung mit einem Problem geht es darum, Lösungen zu finden. Beim Gedankenkarussell gibt es keine Lösung. Es geht also nicht darum, sich dauerhaft der Auseinandersetzung mit bestehenden

Problemen zu entziehen, sondern nicht in den Strudel der negativen Gedankenspirale zu geraten.

Es gibt jedoch belastende Lebenssituationen, die sich nicht in einer überschaubaren Zeit auflösen lassen. Gerade hier helfen uns kleine Auszeiten, in denen wir durchatmen können und uns mit etwas beschäftigen, das unsere Aufmerksamkeit von der belastenden Situation abzieht. Wer gelernt hat, »freundschaftliches Interesse an Dingen« zu zeigen, wie Russell sagt, hat in Zeiten, in denen es ihm gut geht, ein Art Werkzeug entwickelt, das in weniger guten Zeiten hilfreiche Dienste leisten kann. Sehr oft entstehen Krisen in Bereichen, die viel Zeit in Anspruch nehmen. Wenn wir dann jenseits dieser Bereiche etwas haben, was uns Freude macht, können wir uns von den Nöten und Sorgen zumindest für eine gewisse Zeit ablenken.

»Das Beruhigende äußerer Interessen liegt darin, dass sie nicht nach tätigem Eingreifen verlangen.«[34] Während wir auf berufliche oder familiäre Probleme reagieren müssen, können wir uns unseren Interessen zuwenden, wenn es uns passt, da sie keine existenzielle Dimension in uns berühren. Sie zwingen uns nicht zum Handeln. Das Strickzeug kann genauso liegen bleiben wie das Kreuzworträtsel und zu irgendeinem späteren Zeitpunkt wieder aufge-

nommen und vollendet werden, ohne dass diese in der Zwischenzeit Schaden nehmen.

Wie positiv sich Ablenkung auf unseren Geist auswirken kann, haben Sie vielleicht schon selbst erlebt. Sie strengen sich sehr an oder bemühen sich um etwas, Sie möchten zum Beispiel ein Projekt ans Laufen bringen oder Sie suchen die Lösung für ein Problem und kommen dabei aber keinen Schritt weiter. Je mehr Sie sich anstrengen, desto weniger passiert. Und dann entschließen Sie sich, das Ganze erst einmal ruhen zu lassen. Plötzlich, während Sie etwas völlig anderes tun, haben Sie die Lösung, obwohl Sie nicht mehr aktiv danach gesucht haben. Gerade die Beschäftigung mit Dingen, die uns Freude machen, ohne von herausragender Bedeutung für uns zu sein, kann einen solchen Entspannungszustand bewirken.

Wie wichtig die Entspannung für unseren Geist ist, wusste bereits Seneca: »*Unser Geist darf nicht immer in gleichmäßiger Anspannung gehalten werden, gelegentlich muss auch Spaß sein. So schämte sich Sokrates nicht, mit kleinen Jungs zu spielen, Cato entspannte sein von der Sorge ums öffentliche Wohl erschöpftes Gemüt beim Wein […] Unser Geist braucht Entspannung; sind wir ausgeruht geht es mit frischem Schwung voran. […] Böten uns Scherz und Spiel nicht ein gewisses natürliches Vergnügen, würden sich die Menschen gewiss nicht so stark dazu hingezogen fühlen [...]*«[35]

Man kann Seneca sicherlich nicht vorwerfen, Protagonist einer oberflächlichen Spaßkultur gewesen zu sein. Er war jedoch lebenserfahren genug, um zu wissen, dass ein Zuviel der Anspannung und Ernsthaftigkeit auf Dauer eher schädlich als nützlich ist. So wie ein Teil der Menschen hofft, durch Spaß und Konsum eine dauerhafte Befriedigung zu finden, gibt es auf der anderen Seite Menschen, die das Streben nach Sinnerfüllung mit einer bemühten Ernsthaftigkeit verbinden, die nicht selten mit einer gewissen Weltverachtung gekoppelt ist. Sinnerfüllung entsteht aber nicht durch Schwere und Ablehnung des Weltlichen, sondern durch Engagement für das Leben. Eine gewisse innere Heiterkeit ist hierfür nicht nur ein guter Begleiter, sondern kann aus diesem Tun erwachsen. Und wer das Leben liebt, der weiß, wie wichtig Ablenkung und Spaß sind. Verbissene Ernsthaftigkeit ist kein Anzeichen von geistiger Tiefe, sondern von fehlender Lebensfreude. Damit wir diese Lebensfreude nicht verlieren, ist die freundschaftliche Anteilnahme an Dingen ein hilfreiches Werkzeug.

Genussvoll leben

Mit dem Genuss verhält es sich ähnlich wie mit der Ablenkung. Auch er scheint zunächst mit Sinn wenig zu tun zu haben und auch er wird zu Unrecht kritisch beäugt, denn Genuss wird oft mit Konsum verwechselt. Die wenigsten Menschen, die in unserer Konsumkultur von Shopping-Rausch zu Shopping-Rausch unterwegs sind, wissen, was Genuss wirklich bedeutet. Zum Genießen braucht es Zeit und Muße, zum Konsumieren nur genug Geld. Konsum geht gerade heute mit einem enormen Ressourcenverbrauch und einer Ressourcenverschwendung einher. Das ist beim Genuss nicht zwingend der Fall. Ich würde die Fähigkeit zu genießen als ein ganzheitliches Phänomen beschreiben. Genießen hat mit Sinnlichkeit, Körperlichkeit und Bewusstheit zu tun.

Dass die hedonistische Konsumkultur keine Genusskultur ist, zeigt sich meines Erachtens am Umgang mit dem eigenen Körper. Hier geht es vor allem um Disziplin und Selbstoptimierung – eine Form des Asketismus, der sich anders als in den traditionell religiösen Systemen nicht aus einer Weltfeindlichkeit speist, sondern aus der Hoffnung, in der Welt mit einem gut geformten Körper besser bestehen zu können. Man kasteit, stylt und »shaped« sich, um das scheinbar Beste aus sich zu machen. Fitness- und Magerwahn gehen dabei oftmals Hand in Hand. Wer seine Ernährung nur noch darauf ausrichtet, in kürzester Zeit in Kombination mit zahllosen Trainingseinheiten die größtmögliche Muskelmasse aufzubauen oder eben die super schlanke Traumfigur zu bekommen, der genießt nicht. Er ist eher ein Konsument, der auf dem Weg dorthin und selbst, wenn er sein Ziel erreicht hat, Fitnessprodukte, passende Kleidung, Kosmetikprodukte und so weiter gebraucht.

Aber selbst dort, wo nicht die perfekte Außenwirkung des eigenen Körpers im Mittelpunkt steht, sondern die Frage, was das optimal Beste für die eigene Gesundheit ist oder das, was für die Umwelt verträglich ist, zeigt sich oft eine eher asketisch geprägte denn genussorientierte Haltung. Wer verbissen darauf achtet, immer nur das Richtige zu sich zu nehmen – wobei die Erkenntnisse darüber, was das Beste für den Körper und die Gesundheit sein könnten, fast schneller wechseln als die Mode, die auf den Laufstegen der Welt präsentiert wird –, kommt selten dazu, etwas zu genießen. Denn Genuss verfolgt kein anderes Ziel als das Genießen, das heißt eine oder mehrere angenehme Sinnesempfindungen bewusst wahrzunehmen und auszukosten.

Das Thema Essen zeigt sehr deutlich, dass wir zumindest in Deutschland von einer Genusskultur noch ein ganzes Stück entfernt sind. Den Genussfaktor beim Essen zu berücksichtigen, bedeutet nicht, die ökologische und ethische Dimension, die mit der Erzeugung von Nahrungsmitteln verbunden ist, zu ignorieren. Wer aus dem Thema Essen jedoch einen Religionsersatz macht, ist vom Genießen so weit entfernt wie jemand, der wahllos Junkfood in sich hineinstopft.

Wenn ich von Lust und Genuss rede, dann meine ich eine Lebenskunst, die sich nicht in Oberflächlichkeiten und Modeströmungen verliert, sondern die zu mehr Lebensqualität und zu einem guten und gelingenden Leben führt. Wie das aussehen kann, darüber kann uns Aristipp, ein antiker griechischer Philosoph, dessen Namen, wie ich meine, zu Unrecht in Vergessenheit geraten ist, etwas mehr berichten. Er wurde um das Jahr 435 v. Chr. im libyschen Kyrene geboren und war ein Schüler des Sokrates. Dies mag auf den ersten Blick erstaunlich klingen, denn Sokrates gilt in der Geschichte der Philosophie nicht gerade als ein Hedonist. Für Aristipp und seine Schule lautete die Antwort auf die Frage, was ein gutes Leben ausmacht, tatsächlich: die Sinnenlust, also die Fähigkeit, angenehme sinnliche Reize bewusst wahrzunehmen und zu erleben. Dennoch war er kein oberflächlicher Lüstling, sondern ein Lebenskünstler und Menschenfreund, dessen Genussfähigkeit mit Genügsamkeit verbunden war. Es wird sogar berichtet, dass er über eine tiefe Gelassenheit verfügt habe. Zudem hatte er eine Tochter, Arete, die er zur Philosophin ausbildete und der er später die Leitung seiner Schule übertrug. Entscheidend an Aristipps Genussprogramm war die Verbindung mit einer Fähigkeit, die heute in aller Munde ist: Achtsamkeit. Ein wahrhaft genussvolles Leben war für ihn eines, das achtsam die lustvollen Augenblicke erkannte und sich auf diese einließ. Die Fähigkeit, das eigene Leben und die Welt um einen herum bewusst wahrzunehmen, ist ferner dem Sinnerleben zuträglich, da sich Sinnhaftigkeit aus unterschiedlichen Faktoren speist. Einer davon ist die Lebensfreude, die mit dem Genießen-Können verbunden ist.

Ich finde es auffällig, dass Menschen, die das Leben wirklich genießen können, sehr oft eine heitere und entspannte Haltung ihrer Mitwelt gegenüber an den Tag legen. Vielleicht ist diese Fähigkeit damit verbunden, sein Augenmerk eher auf das Schöne, Erfreuliche und Angenehme zu richten. Im Umgang mit anderen Menschen könnte dies dazu führen, dass man dem Negativen weniger Aufmerksamkeit schenkt, was das Zusammenleben tendenziell entspannt.

Doch weshalb sahen die Kyrenaiker, zu denen Aristipp gehörte, in der sinnlichen Lust das entscheidende Mittel, um ein gutes Leben zu führen, während die meisten anderen philosophischen Traditionen zumindest das Maßhalten, wenn nicht sogar die Askese zum Mittel der Wahl erhoben? Als empirisch orientierte Denker gingen sie von dem unmittelbar Erfahrbaren und Erlebbaren aus. Lust und Unlust sind basale Empfindungen, die mit Zufriedenheit und Unzufriedenheit verbunden sind. Sie sahen, dass bereits kleine Kinder, sogar Tiere nach Lust streben und Unlust, meist in Form von Schmerz, zu vermeiden versuchen. Wir möchten, dass es uns gutgeht und dass wir etwas Angenehmes empfinden. Das Unangenehme meiden wir. Ich denke, daran hat sich in den letzten 2500 Jahren recht wenig geändert.

Die Kyrenaiker wussten, dass nicht jede Lust wirklich lustvoll sein muss, denn eine heftige Leidenschaft macht, langfristig betrachtet, manchmal eher unglücklich, insbesondere, wenn sie unser Handeln derart steuert, dass wir für alles andere um uns herum blind werden. Man könnte die kyrenaikische Lust vielleicht als wohltemperierte Lust bezeichnen. Wer sich schon mal richtig den Mund an einem zu heißen Essen oder Getränk verbrannt hat, weiß Wohltemperiertheit zu schätzen. Das ist aber nicht gleichbedeutend mit fad! Und das ist der entscheidende Punkt, weshalb ich die kyrenaikischen Lustlehre für unsere Zeit als ein gutes Modell zur Einübung in den Genuss betrachte.

Aristipp war sich darüber bewusst, dass derjenige, der von seinen Lüsten dominiert ist, in Wirklichkeit unfrei ist. Genauso unfrei ist derjenige, der sich der Lust enthält. Wer also ein wahrhaft genussvolles Leben führen möchte, der muss lernen, mit seinen Lüsten umzugehen. Er darf weder zum Sklaven seiner selbst werden noch sich der Lust enthalten. Der folgende Ausspruch Aristipps drückt diesen Gedanken sehr gut aus: »*Die Lust beherrscht nicht, wer sich enthält, sondern wer sie genießt, sich aber nicht mitreißen lässt; wie auch Schiff und Pferd nicht beherrscht, wer sie nicht nutzt, sondern wer sie lenkt, wohin er will.*«[36]

Der moderne, aber wahrscheinlich auch der antike Konsument war bzw. ist eher ein Mensch, der von seinem Wunsch zu konsumieren besessen wird. So sehr er das Lustempfinden für ein hohes Gut hielt, so sehr war Aristipp sich darüber im Klaren, dass das Streben nach immer neuen Lusterfahrungen den Menschen schnell unfrei machen kann, da er süchtig danach wird. Was Aristipp vor bald zweieinhalbtausend Jahren als Gefahr erkannte, bestätigt heute die Neurobiologie: Durch die Aktivierung des sogenannten Lustzentrums im Gehirn fühlen wir uns in einem kurzfristigen Glückszustand, den wir, weil er sich gut anfühlt, wiederholen möchten. Dies kann einen ungesunden Kreislauf in Gang setzen.

Um gut genießen zu können, braucht es – modern gesprochen – so etwas wie eine Impulskontrolle. Genießen zu können hat sehr viel mit Warten-Können zu tun. Die berühmte Vorfreude ist bekanntermaßen die schönste Freude. Der richtige Zeitpunkt, die Vorbereitung, die richtige Umgebung, all dies spielt beim Genießen eine wichtige Rolle. Aus diesem Grund ist der echte Genuss mit Muße, jener unverzweckten Zeit, in der nichts sein muss und vieles sein darf, verbunden. Genuss verlangt von uns, dass wir uns mit dem, was wir genießen, vertraut machen und beschäftigen. Beim Konsumieren ist dies nicht zwingend erforderlich.

Die Askese als Mittel, um nicht in den Kreislauf der Abhängigkeit von Lustempfindungen zu geraten, lehnte Aristipp aber als ungeeignet ab. Denn sie versucht nicht das Begehren in die richtigen Bahnen zu lenken, sondern es zu vernichten. Der richtige Weg führt nach Aristipp zwischen den Extremen der Entsagung und des Sich-an-die-Lust-Verlieren hindurch. Zu dieser Mitte gelangt man, indem man sich seinem Begehren stellt, sich aber nicht zu seinem

Sklaven macht: »*Denn zu gebieten über die Lust und ihr nicht zu unterliegen, das ist wahrhaft preiswürdig, nicht sich ihr zu versagen.*«[37]

Ich denke, das unterscheidet den wahren Genuss vom Exzess. Im Exzess verliert sich der Mensch, was für eine bestimmte Zeit seinen Reiz haben kann, aber auf Dauer nicht funktioniert. Der Genießende ist eher wie ein Steuermann, der die Richtung bestimmt und die Orientierung nicht verliert und deshalb in der Regel sein Ziel, ein entspanntes und genussvolles Leben, erreicht.

Was Geld mit Sinn zu tun hat

Dass man Glück nicht kaufen kann, ist eine Überzeugung, die viele Weisheitstraditionen teilen. Bedürfnislosigkeit und Asketismus galten in den meisten antiken philosophischen Strömungen Griechenlands als Eintrittskarte zum besseren Leben. Glück wurde oft mit rein immateriellen Werten verbunden. Dieses Credo hat sich bis heute gehalten. Die Frage ist nur, ob es in dieser Eindeutigkeit tatsächlich stimmt. Ist es nicht vielmehr so, dass Geld ein Mittel zum Zweck ist, das uns vieles im Leben erleichtert?

Wenn wir die sogenannte Bedürfnispyramide des amerikanischen Psychologen Abraham Maslow betrachten, dann ist die Grundlage der menschlichen Entwicklung die Existenzsicherung. Je komplexer und entwickelter Gesellschaften sind, desto mehr braucht es dafür. Nicht zu verhungern und zu erfrieren, sind keine ausreichenden Faktoren der Existenzsicherung in einer hoch entwickelten Gesellschaft. Ihren Mitgliedern muss eine Partizipation an bestimmten gesellschaftlichen Bereichen möglich sein. Diese Partizipationsmöglichkeit ist jedoch sehr oft an finanzielle Ressourcen gekoppelt. Aus diesem Grund ist es unsinnig, armen Menschen in den westlichen Industrienationen zu erklären, dass sie, verglichen mit dem großen Rest der Weltbevölkerung, immer noch sehr privilegiert seien, weil sie deutlich mehr zum Leben haben als diese. Wer sehr viel weniger hat als der Durchschnitt der Gesellschaft, in der er lebt, sodass er nicht mehr am gesellschaftlichen Geschehen teilnehmen kann, ist nicht nur arm, sondern dessen Lebensqualität ist massiv beeinträchtigt. Wir orientieren uns an unserem direkten Lebensumfeld, und wenn dieses ökonomisch deutlich besser aufgestellt ist als wir selbst, werden wir unzufrieden. Dies zeigen verschiedene psychologische Tests. Legendär ist jener, bei dem an der Universität Harvard Studierende befragt wurden, ob sie bei gleicher Kaufkraft des Geldes lieber 100.000 Dollar verdienen würden, während die anderen 200.000 bekämen oder ob sie lieber 50.000 Dollar verdienen würden, während die anderen nur 25.000 bekämen. Die allermeisten entschieden sich für die zweite Variante.

Einer der wenigen Philosophen, der die Bedeutung des Geldes für die Lebenszufriedenheit erkannte, war Aristoteles. Zwar war er der Meinung, die höchste Form des Glücks sei die geistige Beschäftigung, doch erkannte er, dass man diese deutlich entspannter betreiben könne, wenn der finanzielle Hintergrund gesichert sei. Auch im Alten Testament können wir sehen, dass Wohlstand durchaus mit Gottes Wohlwollen verbunden ist. Ausgezeichnete Menschen wie Abraham verfügten über einen großen Besitz. Was zu seiner Zeit verboten war, war das Zinsnehmen von Notleidenden. Die Schuldenspirale, die dadurch in Gang gesetzt wurde, galt als unethisch und verwerflich.

Dass ein gewisses finanzielles Polster der Lebensqualität durchaus zuträglich ist, belegt eine neue Studie. Der zufolge haben sehr wohlhabende Menschen eine höhere Lebenszufriedenheit als Menschen, die weniger besitzen. Bislang ging die Forschung (vor allem in Amerika) davon aus, dass ab einer bestimmten Einkommenshöhe – in der Regel ein gutes mittleres Einkommen – mit mehr Wohlstand die Lebenszufriedenheit nicht mehr steigt. Doch dies scheint nicht der Fall zu sein. Wenn wir uns die Corona-Situation vor Augen führen, wird evident, weshalb ein Mehr an Vermögen die Lebensqualität steigern kann: Wer über großzügige Wohnverhältnisse verfügt, vielleicht ein Haus im Grünen mit Garten oder ein Ferienhaus in einer landschaftlich schönen Region sein eigen nennt, wird einen strengen Lockdown nicht als so einschränkend empfinden wie eine Familie, die mit mehreren Kindern in einer kleinen Wohnung leben muss. Wer über ein von äußeren Umständen unabhängiges festes Einkommen und über ausreichende Vermögenswerte verfügt, hat viele Sorgen nicht, mit denen Freiberufler konfrontiert sind, deren Verdienstmöglichkeiten durch den Lockdown zum Erliegen kamen und die nun vielleicht Rücklagen zur Alterssicherung zum Leben verwenden müssen.

Kein Geld zu haben, beeinflusst die Lebensqualität auf längere Sicht negativ. Wer dauerhaft wenig Geld hat, muss meist in Vierteln leben, in denen ein ganzes Bündel von Problemen anzutreffen ist: höhere Arbeitslosigkeit, beengte Wohnverhältnisse, ein vernachlässigter öffentlicher Raum, der wiederum Vandalismus bedingt und so weiter. Wer über genug

Geld verfügt, kann sich hochwertige Nahrungsmittel leisten, gut für seine Gesundheit vorsorgen und seiner Familie bessere Lebensmöglichkeiten bieten. Man kann Dienstleistungen in Anspruch nehmen und sich Tätigkeiten des alltäglichen Lebensvollzugs abnehmen lassen. Dadurch eröffnen sich zeitliche Freiräume, in denen man etwas tun kann, was Freude macht oder einen erfüllt. Geld schafft also nicht nur mehr Möglichkeiten, sondern aus diesen Möglichkeiten erwächst wiederum ein Mehr an Lebensqualität.

Vielleicht werden Sie jetzt einwenden, dass es viele schöne Dinge gibt, die man ohne oder mit wenig Geld tun kann, zum Beispiel die Natur bei einer Wanderung genießen, Musik machen, Sport im Verein ausüben, Malen, in einem Chor singen und so weiter. Das stimmt, und zum Glück, gibt es viele Menschen, die dies mit großer Freude tun. Es ist jedoch ein Unterschied, ob Sie etwas tun, weil Sie sich nichts anderes leisten können, oder ob Sie viele andere Möglichkeiten hätten, diese aber bewusst nicht in Anspruch nehmen. In letzterem Fall haben Sie die Gestaltungshoheit über Ihr Leben, in ersterem Fall zwingen die äußeren Umstände Sie zu etwas. Dies ist vermutlich der Grund, warum die in materiell gut abgesicherten und ökologisch engagierten Kreisen beliebte Idee des Verzichts und der Reduktion, seien es Konsumgüter, Flugreisen oder Autoverkehr, nicht überall die gleichen Begeisterungsstürme entfacht. Minimalismus als Lebensstil geht fast immer von einer Reduktion vorhandener Besitztümer aus. Loslassen und Verzicht können dann als Befreiung erlebt werden. Wer jedoch nichts hat, worauf er verzichten kann, wird diese Begeisterung wahrscheinlich nicht teilen. So absurd es klingt: Verzicht muss man sich leisten können. Wenn Sie freiwillig darauf verzichten, sich eine neue Winterjacke zu kaufen, weil Ihre alte eigentlich noch funktional ist, ist das ein völlig anderes Gefühl, als wenn Sie weiterhin Ihre alte Jacke auftragen müssen, weil Sie sich einfach keine neue leisten können.

Das Interessante am Geld ist, dass es seinen Wert nur in der Beziehung zwischen Menschen entfalten kann. Wer allein auf einer einsamen Insel lebt, braucht kein Geld, da es für ihn keinen Nutzen und damit keinen Wert hat. Doch sobald verschiedene Menschen interagieren, bekommt es als Tauschmittel in einer Gesellschaft seinen Wert. Und derjenige, der mehr davon hat, hat mehr Möglichkeiten. Problematisch wird der Umgang mit Geld, wenn seine zentrale Bedeutung, ein Tauschmittel zu sein, verschwindet und es selbst vom Mittel zum Zweck mutiert. Der Berliner Philosoph Georg Simmel, einer der wenigen Philosophen und Soziologen, der sich zu Beginn des 20. Jahrhunderts intensiv mit dem Thema Geld befasst hatte, attestierte seiner Zeit, dass das Geld zu einer Art Religionsersatz geworden ist. Wenn man bedenkt, dass das Buch 1900 veröffentlicht wurde, dann kann man sich in etwa vorstellen, wie Simmel unsere Zeit bewerten würde. Es ist jedoch kein Wesensmerkmal des Geldes, zum Selbstzweck zu mutieren, sondern eine Entscheidung des Menschen, ob er es als Mittel betrachtet oder zum einzig lohnenswerten und erstrebenswerten Ziel in seinem Leben wird. Wenn er sich für das Geld als oberstes Lebensziel entscheidet, setzt er eine Spirale in Gang, aus der er kaum mehr aussteigen kann, da Geld zu erwerben ein unabschließbarer Prozess ist. Wer hingegen Geld als Mittel zum Zweck nutzt, bleibt frei in seinem Umgang damit.

Simmel verwies darauf, dass die Geldwirtschaft dem Menschen zu mehr Individualität und Freiheit verholfen hat. Der mittelalterliche Bauer war seinem Lehnsherrn nicht nur lehnspflichtig, sondern von diesem persönlich abhängig. Der Arbeitnehmer, der einen Lohn von seinem Arbeitgeber erhält, ist diesem nicht mehr persönlich verpflichtet. Er kann sich eine neue Arbeitsstelle, die zum Beispiel besser bezahlt ist, suchen oder eigene Projekte verwirklichen. Allerdings gelang es nach Simmels

Überzeugung dem Menschen nicht so recht, diese neu gewonnene Freiheit von Zwängen zu seinem Vorteil zu gestalten. Ein Resultat dieser misslungenen Gestaltungsfähigkeit sei die innere Leere, mit der der moderne Mensch konfrontiert sei. Diese versuche er nun mit Besitz und Erwerb von Geld zu füllen. Was Simmel als Gesellschaftsanalyse recht gut auf den Punkt bringt, ist jedoch keine Beschreibung eines notwendigen Status Quo, denn der Mensch kann sich sehr wohl entscheiden, mit Geld etwas Sinnvolles und damit auch etwas Sinnhaftes zu tun und es als das zu sehen, was es ist: ein Mittel zum Zweck.

Mit den entsprechenden ökonomischen Ressourcen können wir etwas in der Welt bewegen und dazu beitragen, dass sie ein besserer Ort für alle wird. Dies ist vermutlich einer der Gründe, weshalb eine steigende Zahl von sehr vermögenden Menschen einen Teil ihres Geldes in Stiftungen steckt, die sich um soziale, ökologische, kulturelle oder gesellschaftliche Belange kümmern. Ob Stiftungen oder Patenschaften, immer ist es das Geld, das etwas ermöglicht, was ohne Geld so nicht ginge. Viele positive Entwicklungen verdanken sich dem Geld. Kunst und Kultur sind nur dort möglich, wo der Mensch auf Dauer einigermaßen abgesichert ist und ökonomische Ressourcen zu Verfügung hat.

Wenn wir noch einmal zu unserem Ausgangsthema der Sinnhaftigkeit des Lebens zurückkommen, dann heißt dies, bezogen auf Geld: Geld ermöglicht es uns, gestalterisch tätig zu werden und etwas Gutes in der Welt zu bewirken. Dies erleben wir als sinnerfüllend. Natürlich können wir sinnerfüllend tätig werden, ohne viel Geld zu besitzen. Wer jedoch zwei Arbeitsstellen hat, um über die Runden zu kommen, hat in der Regel wenig Ressourcen, um sich noch für etwas zu engagieren, was ihn bewegt.

Die Idee, dass man mit Geld etwas in der Welt bewirken kann und dass es deshalb sinnvoll sein kann, viel Geld zu erwerben, um es in ethische Projekte zu investieren, propagiert vor allem der sogenannte effektive Altruismus. Dabei handelt es sich um eine moderne philosophische Richtung, die mittels einer radikalen Kosten-Nutzen-Analyse ethisches Verhalten zu steuern versucht. Je mehr Geld jemand verdient, desto mehr kann er oder sie also für karitative Projekte spenden. Aus Sicht des effektiven Altruismus kann es daher besser sein, einen Beruf zu wählen, in dem man viel Geld verdient, statt zum Beispiel einen pflegenden Beruf zu ergreifen, denn jedes Handeln soll die größtmögliche positive Auswirkung für die größtmögliche Zahl von Menschen haben. Ob es tatsächlich ethisch gesehen besser ist, einen sehr gut bezahlten Job anzunehmen und hohe

Summen zu spenden, wenn die eigene Tätigkeit unethisches oder unökologisches Verhalten anderer ermöglicht, wage ich zu bezweifeln. Wer zum Beispiel einen sehr gut bezahlten Job als JuristIn in einem Unternehmen oder in einer Top-Kanzlei annimmt und achtzig Prozent seines Einkommens spendet, durch seine Tätigkeit aber einem Unternehmen ermöglicht, Umweltstandards zu umgehen, mag zwar mit seiner Spende Menschenleben in Entwicklungsländern retten, ist aber auf der anderen Seite für ökologische Probleme mitverantwortlich.

Eine Prämisse des effektiven Altruismus ist es, dass jedes Leben gleich viel zählt, weshalb vorhandenes Geld immer so einzusetzen ist, dass der größtmöglichen Zahl von Menschen geholfen wird. Ich persönlich glaube jedoch nicht, dass sich menschliches Zusammenleben auf diese Art und Weise auf Dauer gut gestalten lässt. Wir können uns zwar bewusst dagegen entscheiden, Menschen unterschiedlich zu behandeln, und bewusst dafür, mit unseren Ressourcen immer den maximalen Output zu erzielen. Das hieße im Konfliktfall, lieber einhundert Kinder in Afrika durch den Erwerb eines Moskitonetzes vor einer potenziell tödlichen Malariaerkrankung zu bewahren, anstatt die gleiche Summe für einen Freund zu spenden, der durch einen Unfall gelähmt ist und nun seine Wohnung rollstuhlgerecht umbauen muss. Doch eine Freundschaft oder familiäre Beziehung lebt eben auch vom Vertrauen, dass der andere in einer Notlage für uns da sein wird. Wenn wir darauf nicht mehr vertrauen können, zerstört dies das Fundament dieser besonderen Beziehungen.

Ich wollte an dieser Stelle aber keine Auseinandersetzung mit dem effektiven Altruismus lostreten, sondern auf den Aspekt verweisen, den ich im Kontext dieser Bewegung durchaus für bedenkenswert halte: dass derjenige, der viel Geld hat, viele positive Gestaltungsmöglichkeiten hat und dass sich ethisch engagierte Menschen mit ihrer geldkritischen Haltung oftmals Gestaltungschancen nehmen. Geld ist per se nichts Negatives. Unser Gebrauch entscheidet darüber, ob es etwas Positives oder Negatives bewirkt. Geld zu haben, bedeutet auch, Macht zu haben. Dieser Faktor führt dazu, dass das Thema Geld besonders in einer Zeit, in der einige wenige Menschen extrem viel Geld und damit extrem viel Macht besitzen, sehr kritisch gesehen wird. Die positive Gestaltungskraft, die der Macht jedoch prinzipiell innewohnt, wird dadurch übersehen.

Eines der wesentlichen Probleme im Umgang mit Geld und Macht liegt darin, dass ein materialistisch veranlagter Persönlichkeitstypus, dem äußeres Ansehen und Status extrem wichtig sind, davon mehr angesprochen wird als ein eher altruistischer Persönlichkeitstypus. Das Belohnungszentrum im Gehirn ist, wenn es um Geld geht, bei materialistischen Menschen tatsächlich aktiver. Gepaart mit dem religiösen Diktum, dass der Reichtum etwas Negatives sei, hat dies in der Kulturgeschichte leider dazu geführt, dass gerade Menschen, denen das Schicksal ihrer Mitwelt nicht egal ist, die wirkungsvollen Mittel Geld und Macht nicht nutzen, um etwas zu verbessern oder zu gestalten. Aus diesem Grund kann es hilfreich sein, immer wieder die eigenen Glaubenssätze bezüglich Macht und Geld kritisch zu prüfen. Vielleicht überlassen wir Macht anderen, weil wir die damit verbundene Verantwortung nicht übernehmen wollen. Vielleicht wollen wir uns nicht mit Geld befassen, weil wir das mit Etabliertsein und Spießigkeit verbinden. Die Quelle, aus der sich unsere unbewussten Überzeugungen zum Thema Geld speisen, ist tief. Für ein gelingendes Leben ist es wichtig, der materiellen Dimension den ihr zustehenden Platz einzuräumen.

Zu guter Letzt

Wer den Film »Der Sinn des Lebens« der englischen Komikergruppe Monty Python kennt, kann sich vielleicht noch an dessen Ende erinnern. Michael Palin verliest in der Rolle einer Fernsehsprecherin den Sinn des Lebens. Dieser lautet: »Seien Sie nett zu Ihren Nachbarn, vermeiden Sie fettes Essen. Lesen Sie ein paar gute Bücher, machen Sie ein paar Spaziergänge und versuchen Sie, in Frieden und Harmonie mit Menschen jeden Glaubens und jeder Nation zu leben.« Ich würde sagen, im Großen und Ganzen sind darin die wichtigsten Elemente, die ich im vorliegenden Buch ausgeführt habe, komprimiert zusammengefasst. Über das Thema »fettes Essen« müsste man vielleicht noch einmal gesondert sprechen.

Literatur

Apophthegmata Patrum. Weisungen der Väter, Bonifaz Miller (Übers.), Trier, 6. Auflage 2003

Hannah Arendt: *Freundschaft in finsteren Zeiten*, Berlin 2018

Hannah Arendt: *Vita activa oder Vom tätigen Leben*, München, Zürich, 10. Auflage 1998

Aristipp, in: *Antike Glückslehren*, Malte Hossenfelder (Übers. u. Hrsg.), Stuttgart 1996

Aristoteles: *Philosophische Schriften, Bd. 3, Nikomachische Ethik*, Eugen Rolfes (Übers.), Jena 1909

Mark Aurel: *Selbstbetrachtungen*, Heinrich Schmidt (Übers.), Augsburg 2001

Alexander Batthyány: *Die Überwindung der Gleichgültigkeit. Sinnfindung in einer Zeit des Wandels*, Kösel 2018

Albert Camus: *Der Mythos des Sisyphos*, Reinbek bei Hamburg 2014 (Originalausgabe 1942)

Albert Camus: *Die Pest*, Reinbek bei Hamburg 1989 (Originalausgabe 1947)

Albert Camus: *Briefe an einen deutschen Freund*, in: *Fragen der Zeit*, Reinbek bei Hamburg 1960 (aus dem Vierten Brief, Juli 1944)

Katharina Ceming: *Spiritualität im 21. Jahrhundert*, Hamburg 2012

Cicero: *De officiis. Über die Pflichten*, Rainer Lohmann (Übers.), https://www.romanum.de/latein/uebersetzungen/cicero/de_officiis/liber_1.xml

Cicero: *De officiis. Vom pflichtgemäßen Handeln*, Rainer Nickel (Übers.), Düsseldorf 2008

Diogenes Laertius: *Leben und Meinungen berühmter Philosophen*, Otto Apelt (Übers.), Hamburg 1998

Epiktet: *Handbüchlein der Moral*, Kurt Steinmann (Übers. u. Hrsg.), Stuttgart 1992

Epikur: *Von der Überwindung der Furcht*, Zürich 1990

Viktor E. Frankl: *Der Wille zum Sinn*, Göttingen, 7. Auflage 2016

Jan Gehl: *Städte für Menschen*, Berlin 2015

Jeffrey A. Hall: *How many hours does it take to make a friend?* In: Journal of Social and Personal Relationships XX, March 2018, 1–20

Karl Jaspers: *Philosophie der Existenzerhellung*, München, Zürich 1994 (Originalausgabe 1932)

Junger, Sebastian: *Tribe. Das verlorene Wissen um Gemeinschaft und Menschlichkeit*, München 2017

Immanuel Kant: *Metaphysik der Sitten*, in: *Werke in 10 Bänden*, Bd. 7, Wiesbaden 1983

John Stuart Mill: *Der Utilitarismus*, Stuttgart 2006 (Originalausgabe 1869)

Pythagoras: *Die goldenen Verse des Pythagoras*, Inge von Wedemeyer (Hrsg.), Heilbronn 2001

Matthieu Ricard: *Allumfassende Nächstenliebe. Altruismus. Die Antwort auf die Herausforderungen unserer Zeit*, Hamburg 2016

Bertrand Russell: *Eroberung des Glücks. Neue Wege zu einer besseren Lebensgestaltung*, Berlin, 18. Auflage 2012 (Originalausgabe 1930)

Martin Seligman, Christopher Peterson: *Character Strengths and Virtues. A Handbook and Classification*, Oxford 2004

Tatjana Schnell: *Psychologie des Lebenssinns*, Berlin, 2. Auflage 2020

Carsten Schröder, Charlotte Bartels, Konstantin Göbler, Markus M. Grabka, Johannes König: *MillionärInnen unter dem Mikroskop*, DIW Wochenbericht 29/2020, S. 511–521; www.diw.de/de/diw_01.c.793802.de/publikationen/wochenberichte/2020_29_1/millionaerinnen_unter_dem_mikroskop__datenluecke_bei_sehr_ho___geschlossen______konzentration_hoeher_als_bisher_ausgewiesen.html#section6

Seneca: *Moralische Briefe an Lucilius*, in: *Handbuch des glücklichen Lebens*, Heinz Berthold (Übers.), Köln 2005

Seneca: *Von der Seelenruhe*, in: *Handbuch des glücklichen Lebens*, Heinz Berthold (Übers.), Köln 2005

Seneca: *Über die Milde*, in: *Handbuch des glücklichen Lebens*, Heinz Berthold (Übers.), Köln 2005

Georg Simmel: *Philosophie des Geldes*, vollständige Ausgabe der dritten Auflage 1920, Neuausgabe mit einer Biografie des Autors. Karl-Maria Guth (Hrsg.), Berlin 2016

Sven Stillich: *Was macht mich aus?*, in: *Zeit Wissen: Das macht mich aus*, Heft 5, 2019, S. 18–24

Sara Tomšić: *Sinn und Zweck. Lass mal kleiner denken*, in: Zeit Campus, 3/2021, www.zeit.de/campus/2021-03/sinn-zweck-leben-generation-antrieb-handeln

Rasmus Wærn: *Hammarby sjöstad. Vom Hafenareal zum Stadtquartier*, in: Bauwelt 6/2005, www.bauwelt.de/dl/737627/10791659_e0c18b206b.pdf

Anmerkungen

1 Camus, Der Mythos des Sisyphos, S. 15
2 Schnell, Psychologie des Lebenssinns, Kap. 9
3 Schnell, Psychologie des Lebenssinns, S. 251
4 Schnell, Psychologie des Lebenssinns, S. 10
5 Schnell, Psychologie des Lebenssinns, S. 9
6 Jaspers, Existenzerhellung, S. 203
7 Arendt, Vita activa, S. 18
8 Schnell, Psychologie des Lebenssinns, S. 72f
9 Batthyány, Überwindung der Gleichgültigkeit, S. 39
10 Mill, Utilitarismus, S. 43
11 Mill, Utilitarismus, S. 50
12 Camus, Briefe an einen deutschen Freund, S. 27f
13 Camus, Die Pest, S. 202
14 Seneca, Moralische Briefe an Lucilius, S. 230
15 Der Architekt und Stadtplaner Jan Gehl zeigt in seinem Buch »Städte für Menschen« sehr anschaulich, an welchem Maß sich die Städteplaner vergangener Zeiten orientierten. Es war die Perspektive des Fußgängers, der mit seinen Sinnen langsam den Raum um sich herum erschloss.

16 Allerdings sind große Teile von Hammarby Sjöstad städtebaulich dennoch eher vom klassischen modernen Architekturkonzept geprägt: https://www.bauwelt.de/dl/737627/10791659_e0c18b206b.pdf

17 Mark Aurel, Selbstbetrachtungen 12,24

18 Mark Aurel, Selbstbetrachtungen 3,5

19 Mark Aurel, Selbstbetrachtungen 3,4

20 Arendt, Freundschaft in finsteren Zeiten, S. 48

21 Aristoteles, Nikomachische Ethik 1171a

22 Cicero, De officiis, 114

23 Seneca, Von der Seelenruhe, S. 187

24 Cicero, De officiis, 114

25 Aristoteles, Nikomachische Ethik 1120a, viertes Buch, 2. Kapitel

26 Aristoteles, Nikomachische Ethik 1120a, viertes Buch, 1. Kapitel

27 Apophthegmata Patrum 486

28 Seneca, Über die Milde, S. 94

29 Kant: Metaphysik der Sitten, zweiter Teil, Ethische Elementarlehre §32

30 Cicero, De officiis 1,47; Rainer Nickel

31 Kant: Metaphysik der Sitten, zweiter Teil, Ethische Elementarlehre §32

32 Russell, Eroberung des Glücks, S. 107

33 Russell, Eroberung des Glücks, S. 108

34 Russell, Eroberung des Glücks, S. 152

35 Seneca, Von der Seelenruhe, S. 207

36 Aristipp, Antike Glückslehren, S. 50

37 Aristipp, Antike Glückslehren, S. 54

Bibliografische Information der Deutschen Nationalbibliothek
Die Deutsche Nationalbibliothek verzeichnet diese Publikation in der Deutschen Nationalbibliografie. Detaillierte bibliografische Daten sind im Internet über http://dnb.d-nb.de abrufbar.

Ohne Folie
Für unsere Umwelt

in Deutschland produziert

MIX
Papier aus verantwortungsvollen Quellen
FSC® C014889
FSC
www.fsc.org

1. Auflage 2022

Lektorat: Marlene Fritsch
Umschlaggestaltung: Finken und Bumiller, Stuttgart
Druck und Bindung: Pustet, Regensburg
ISBN 978-3-7365-0422-6

www.vier-tuerme-verlag.de